传承经典 融入现代

柴松岳 丙戌年初春

●本书献给关心、支持杭州老字号发展的社会各界人士●

◎杭州老字号系列丛书◎

货币金融篇

□丛书主编　吴德隆

□赵大川　著

□杭州老字号企业协会　□杭州老字号丛书编辑委员会

浙江大学出版社
ZHEJIANG UNIVERSITY PRESS

雞鴨行
牛行
五谷豐登

○杭州老字号系列丛书○

序　言

“东南形胜，三吴都会，钱塘自古繁华。”杭州有8000年前的跨湖桥文化、2200多年的建城历史，是国务院首批命名的国家历史文化名城，也是“中国七大古都之一”。

在杭州城市的发展演进中，有一批与这座城市水乳交融、不可分割的历史文化遗产，有一群演绎了一段段美丽动人、可歌可泣传奇故事的知名自主品牌，这就是“老字号”。这些有着几十年甚至上百年历史的“老字号”，蕴涵着丰富的文化积淀，承载着厚重的历史传统。它们在历史长河、传统文化的孕育和洗礼中生成、发展、传承、创新，谱写着开拓者筚路蓝缕的创业诗篇，演奏着承继者与时俱进的创新乐章，诠释着先贤达人诚信公平的经营之道。它们是杭州这座城市的“胎记”和“名片”，也是杭州这座城市的“根”与“魂”。

“老字号”是经济和文化的结晶。它们既具有经济价值，更具有文化价值。“江南药王”胡庆余堂、“剪刀之冠”张小泉、“杭菜一绝”楼外楼、“闻香下马”知味观……一家家“老字号”，凭借别具一格的绝活技艺、独树一帜的经营理念，打造了经久不衰的名店名号，成为杭州工商业发展史的参与者和见证者。与此同时，这些“老字号”又以其悠久的历史、厚重的文化承担起历史文化承载者和体现者的使命，成为杭州地域特色及文化传统的表征与注脚。如果从历史和文化演进的时空背景来衡量“老字号”，它们本质上是一种文化形态，是江南地域文化在杭州工商业领域的经典范例和有形载体。

“老字号”是传承与创新的典范。传承谋生存，创新图发展，是“老字号”永续经营、青春永驻的成功秘诀。在杭州，“老字号”凤凰涅磐般与时俱进、重获新生的故事不胜枚举：胡庆余堂传承人冯根生禀承祖辈诚信之遗训谱就“戒欺”新篇章；“王星记扇子”承继百载依旧清风播翰香；“楼外楼”、“知味观”以其传承与创新的完美结合门庭若如市、闻香竞停车……

“老字号”既是一份厚重的物质文化遗产和非物质文化遗产，也是一份宝贵的文化传统和精神财富。传承“老字号”的传统技艺，保护“老字号”的金字招牌，弘扬“老字号”的特色文化，推动“老字号”的创新发展，杭州市委、市政府责无旁贷，当代杭州人责无旁贷。《杭州老字号系列丛书》向我们全面展示了杭州的百年品牌、商业文化和人文风情，向我们讲述了一个个创业创新的感人故事，也使我们进一步增强了保护好、传承好、发展好杭州“老字号”的责任感和紧迫感。我们一定要下最大决心、花最大力气、出最优政策，把杭州“老字号”保护好、传承好、发展好，使之真正成为城市的“金名片”、人民的“摇钱树”。

是为序。

2008年2月26日于杭州

王国平 现任中国共产党浙江省委员会常委，中国共产党杭州市委员会书记，杭州市人民代表大会常务委员会主任

○杭州老字号系列丛书○

序言二

杭州是国内外著名的大古都。上世纪80年代以后，由于不少在历史文化上获有声名的城市，都有争取成为“古都”甚至“大古都”的愿望，因此，我主编《中国都城词典》（江西教育出版社1999年出版），词条中把“古都”和“大古都”做了明确的解释：所谓“古都”，第一是历史上曾经成为一个独立政权的首都；第二是可以称为古都的现代城市，在地理位置上是与当年的古都重合，或部分重合。所谓“大古都”，就是历史上公认的传统王朝的首都，上起夏、商、周、秦、汉、晋，下至隋、唐、宋、元、明、清，都是中国历史上公认的传统王朝。这中间，晋室曾经东渡，但西晋、东晋原是一晋；宋朝虽然南迁，但北宋、南宋都是一宋。杭州从吴越宝正元年（926）成为吴越国的首都，从此就进入“古都”之列。从绍兴八年（1138）成为南宋的“行在所”，实际上的首都，从此就成为“大古都”。

关于杭州这座城市被列为“大古都”的事，是我亲身所经历的。1980年春天，“文革”结束之后不久，我们见到由王恢编著、台北学生书局1976年出版的《中国五大古都》（西安、北京、洛阳、开封、南京），大陆也拟编一本，有关方面嘱我主事。当时我想杭州毕竟是南宋的“行在所”，虽然半壁江山，但还算作是一个正统王朝。现在由我主编而仍称“五都”，这使我有愧于杭州。所以1983年4月由中国青年出版社出版的《中国六大古都》便有了杭州。当年我还带了这本书100册赴日本讲学分赠东瀛友好。后来流入台湾。台湾锦绣出版社骤见《六都》，如获至宝，便筹划出版《雄都耀光华：中国六大古都》，内容当然参照我们大陆的《六都》，但它是大16开本，由溥杰题字，卷首请我做序，且照片全为彩色，装帧极为精美，其中《杭州》开首的小标题“从海湾、泻湖到西湖”就是我的原话。此书于1989年出版（1989年大陆又有《中国七大古都》电视片，向国庆四十周年献礼，增加了河南安阳），获得很好的反响，一再重版。

我的老家是绍兴，但在杭州工作了五十多年，而且至今虽届耄耋之年，离期颐之年也已不远，但仍在职（应国务院之聘为终身教授），所以对这个城市的热爱当然是不言而喻的。在这些年里，是我第一次把杭州作为大古都落实于正式出版的书中。

南宋定都杭州以后，都城随即繁荣，而首先就是人口剧增。据美国著名汉学家施坚雅（G.W.Skinner）在其名著《中华帝国晚期的城市》（中译本，叶光庭等译，陈桥驿校，中华书局2000年出版）书中对几个“大古都”的人口统计：八世纪的长安（今西安）人口达一百万；北宋的东京（今开封），在其最后年代，人口为八十五万；南宋的临安（今杭州），在其最后年代，人口为一百二十万。杭州是人口最早攀登高峰的“大古都”。与人口增加同时出现的，当然就是商业繁荣。当时的杭州，商铺林立，生意兴隆。据南宋当代人吴自牧所撰的《梦粱录》卷十六中所记，杭州的商铺，主要可分“茶肆、酒肆、分茶酒店、面食店、荤素从食店、米铺、肉铺、鲞铺”八大类。有的商铺规模很大，象“分茶酒店”（相当于今酒菜馆）中有各类菜肴三百多种；“荤素从食店”（相当于今糖果店）中有各种点心一百二十多种；“鲞铺”（相当于今海味店）有各种鱼鲞海味六十八种。随着商业繁荣，必然出现商业竞争。许多商铺之中，兴衰交替，自属常事。而其中管理有方、经营得法的，就能在同行中独占鳌头，并且长期兴隆，这样的商铺，就是当时的老字号。以“酒肆”为例，在《梦粱录》中，象中瓦子前的武林园，南瓦子的熙春楼，都是著名的老字号。

“老字号”是商业领域中的一种重要事物。在各行各业中，“老字号”的数量众多和持续长久，这不仅是商业兴隆的标志，在某种意义上，也是经济繁荣和生意发展的标志。从《梦粱录》时代到今天，为时已近千年，杭州仍然是一个商业繁荣、“老字号”林立的城市，这确实是值得令人高兴的，同时，也让我们意识到对“老字号”宣传和保护的重要。

作为一个在杭州居住了半个多世纪的人，引以为豪的是，在2006年商务部重新认定的第一批420家“中华老字号”中，杭州占了相当的比例。50年前的世界500强，现在70％已经被淘汰出局，但是世界500强排名在前的百年历史的公司却一直表现很优秀。从英国《金融时报》和普华会计事务所联合进行的世界最受尊重的公司排行榜，可以看出这种趋势。它们的宝贵经验是把继承创新看作是基业常青的保证。这套《杭州老字号系列丛书》的编纂出版，便是老字号创新发展的一种精彩展示。内容详实、记叙简洁、图照精美、版式新颖是它的显著特点。尤其可贵的是它的创业理念与理财方略、经营招数，至今仍可借鉴和采用。这是一宗巨大的文化遗产与精神财富，不仅具有保护、弘扬的价值，而且还具振兴、利用和在此基础上创新、发展的意义。谨以此小序聊表贺忱。

陈桥驿

2007年11月29日于浙江大学

陈桥驿 浙江大学终身教授、著名历史地理学家。任中国地理学会历史地理专业委员会主任，国际地理学会历史地理专业委员会咨询委员，日本关西大学、大阪大学、广岛大学客座教授。国务院授予的“为发展我国高等教育事业作出突出贡献”的著名专家，在中国乃至世界地理学界享有崇高声誉。

○杭州老字号系列丛书○

写在前面

“钱塘自古繁华”，杭州商业历史悠久。这里人杰地灵、物华天宝，能工巧匠云集、传统名产丰盛、名点佳肴繁多，一大批老字号应运而生。《杭州老字号系列丛书》，正是为了对杭州老字号整个过去和今天做番回顾与梳理，先从城区着手，再视条件许可逐步扩大到各区、县（市）。

杭州老字号历经沧桑，有过骄人辉煌，也有过坎坷曲折……可以说，老字号见证了杭州城市工商业历史的发展，是历史留给我们宝贵的文化遗产和丰厚的物质财富，也是中华民族工商业的瑰宝。张小泉、王星记、都锦生、高义泰、胡庆余堂、孔凤春、楼外楼、知味观……杭州老字号都有属于自己独特的鲜明特征。像胡庆余堂、方回春堂和张同泰药号，其建筑气势恢宏，完整地保留了当年明清建筑的原形态，这在全国也是罕见的。老字号以其独特的文化基因，传承着杭州这座历史文化名城的人文脉搏，犹如一颗颗熠熠发光的明珠，把西湖装点得更加灿烂。

这套丛书作者以极大的热情，经过广泛挖掘、搜索、整理，比较系统地介绍了杭州老字号的峥嵘岁月和辉煌历程，本意在于追溯老字号的渊源，发掘老字号的创业历程，讲述老字号操守百年的诚信经营之道，使大家获得对杭州老字号的理性认识和形象化体验。这里有鲜为人知的历史故事，更有首次披露弥足珍贵的历史老照片。在叙述方式上，不求体例一致、形式统一、辞章华丽，但求史料详实、自得一见，文字明畅、图文并茂。这套丛书既是对昨天的总结和传承，更是对今天的鞭策、对明天的引领。

最后要说明一点：所谓“老字号”，本来是指具有50年以上历史的商业老字号，但因过去的商业老字号大多是“前店后坊”的模式，生产、营销同时并举，颇具现代概念中的“企业”性质。所以我们这里，也包括一些有影响的，特别是品质优良，经营有方和信誉卓越的一些企事业、单位与部门，其中不乏外来而在杭州开花结果者。这对于全面了解杭州社会的经济发展、各行各业特别是关乎于民众生活的林林总总，都是会有帮助的。

吴德隆

2007年6月18日于丁亥年初夏

吴德隆 曾任共青团杭州市委书记、中共杭州江干区委副书记、杭州市下城区委书记、杭州市贸易办主任、杭州市贸易局局长。
现任杭州市商业总会会长。

目　录

杭州老字号系列丛书·货币金融篇

FINANCE 货币金融篇

◎浙江铸币的历史记载与杭州出土的古币◎

从物物交换的奴隶社会到商品丰富的封建社会,货币应运而生；伴随着市场的发育、商家的林立，以融资为目的之当铺、钱庄、保险、银行发展迅速；而债券、股票……则是市场经济高度发展下的必然产物。《杭州老字号系列丛书·货币金融篇》，以杭州出土的古币，杭州曾经流通过、使用过的钱币，杭州昔日的当铺、钱庄、银行，乃至保险业、邮政储蓄汇兑业、鲜为人知的晚清民国造币厂和杭州市场流通的纸币、债券、股票等等文化遗存，讲述悠远古老的杭州金融货币历史，引领读者穿过悠悠数千年的时光隧道，感受杭州经济昔日的辉煌。

《万历钱塘县志》记载有杭州远古的历史，杭州和钱塘密不可分。曰：禹贡（夏商时期）隶扬州会稽郡，禹巡会稽至此，舍航登陆，故以杭名州。少康封庶子无余于会稽主禹祀，国号于越，因名禹杭，俗称余杭。周季吴越拘兵押隶其地。显王时，楚威王杀越无疆，尽取故越地至浙江乃隶。秦始皇二十五年（前222），灭楚次罢封建置郡县，分天下为三十六郡，以吴越置会稽郡、领县二十四，在杭者四，钱塘其一也，县名钱唐，自秦昉也。

“昉”，指曙光初现，引申为开始。钱唐自秦昉也，即钱塘自秦时开始。

新莽更名泉亭，东汉建武初，复故名。六年（30），省钱唐。光和二年（77），封朱隽钱唐侯，地属封内。晋平吴分钱唐属吴郡。陈祯明元年（587），置钱唐郡。隋文帝平陈废郡，置杭州。废新城、海盐入钱唐县，隶杭州，钱唐隶杭则自隋大业昉也。

至隋文帝开皇九年（585），“杭州”正式定名，有史记载的一千多年间，杭州隶属沿革变化甚大。自此以后，虽其间有变化，但“杭州”始终未变。

杭州有文字记载的历史延续两千余年，自越王勾践至秦皇汉祖、隋帝宋宗，俱往矣！只有熠熠生辉的古代钱币见证着他们辉煌的过去。

◎越王勾践之戈币

《浙江通志》载：

勾践治铜于越，浙省铸钱于是乎始。

《水经注》有对勾践治铜之地的记载：

杨亭东有铜牛山，山有铜穴，三十许丈，穴中有大树神庙，山上有治官，山北湖下有练塘里。

《吴越春秋》云：

勾践治铜锡之处，采炭于南山，故其间有炭渎。勾践臣吴，王封勾践于越百里之地，东台炭渎是也。

余杭出土的殊布当十化和义鼻钱，战国时楚国所铸，是杭州流通最早的钱币。

■杭州萧山出土的戈币，据浙江省博物馆馆长陈浩考证是越王勾践所铸，应是公元前480年前后之物。

■越王勾践塑像（20世纪30年代）

■越王城山（20世纪30年代）

两千年前勾践卧薪尝胆的故事为国人皆知，杭州市萧山区的湘湖北岸有一处雄峙于钱塘江畔的越王城山，其山下不远处即为出土八千年前独木舟的跨湖桥遗志。越王城山巅，中卑四高，考古发掘证实为古代越国城堞。山顶两池通泉，四季不竭，曰佛眼泉，为越王拒吴之史迹。上面两幅图是从1935年《浙江省情》上摘录的老照片。

■萧山越王城山勾践祠（20世纪90年代）

◎古籍上对吴越国在浙江采铜的记载

杭州在战国时属吴，古籍上有对吴国产铜之地的记载。

《吴兴掌故》云：铜官山下有两坎铜井，井深数丈，方圆百丈，即吴王采铜之所，白杨山上有两穴为采铜处。

《太平寰宇记》云：铜山高一千三百尺，在安吉县东三十里。《括地志》云：吴采鄣山之铜即此。石鄣山在鄣南五里。

《舆地志》云：昔吴采鄣山铜以铸钱于此山。

◎古籍上对三国孙权铸大钱的记载

《三国吴志》云：

嘉禾五年（236）铸大钱，一当五百。《通典》曰：大泉五百径一寸三分，重十二铢。赤乌元年（238）春，铸当千大钱。《通典》曰：经一寸四分，重十六铢。故吕蒙定荆州，孙权赐钱一亿。钱既太贵，但有空名，人皆患之。

《大学衍义补》云：

后世铸大钱始此。

本书之三国孙权像，和本书中其他帝王画像一样，均源于20世纪30年代

孙权像

三国时孙权铸大泉五百和大泉当千钱

《中华画报》，这些画像原本均是江南某巨贾传世所藏。

《资治通鉴》云：吴赤乌九年（246）吴人不便大钱，乃罢之。《册府元龟》载诏曰：谢宏往日陈铸大钱云，以广货，故听之。今闻民意不以为便，其省息之铸为器物，官勿复出也。私家有者，勒以输藏，其升其值，勿有所在。

孙权铸之钱还有大泉二千和大泉五千，收藏家视之为奇珍。

◎古籍上对吴越国铸钱的记载

《文献通考》载：五代相承用唐钱，两浙自铸铜钱，亦如唐制。

此条记载说明五代十国时两浙之吴越国自制铜钱，但采用唐制，即铸“开元通宝”钱。

钱镠（852—932）

唐光启三年（887）入选杭州刺史。唐末、五代十国时期，国家四分五裂，藩镇各据一方、称王称霸，战祸连年，田园荒芜，人民生活在水火之中。但江南雄藩之主，吴越国王钱镠，奉行“保境安民”的国策，修建杭城、筑堤海塘、疏浚西湖、兴修水利、发展农桑、收抚流民、奖励开荒等，保存和发展了两浙地区的经济和文化，为太湖流域成为“鱼米之乡”、“丝绸之府”，杭州、苏州成为“人间天堂”奠定了坚实的基础。

■临安功臣塔（20世纪30年代），钱镠为表彰功臣所建，现为全国重点文物保护单位。

《吴越备史》载：

吴越国开运三年（946），钱忠献王（钱弘佐）召左右议铸钱，以盖将士禄赐，王弟弘俶谏，乃止。

《十国纪年》载：

吴越国显德四年（954）正月，忠懿王俶始议铸钱。

《玉海》载：

太祖平吴，因旧制，开监于鄱阳。钱俶入朝，又得杭州钱监，寻废。

吴越国显德四年，公元954年1月，忠懿王钱弘俶入朝，核准得杭州钱监，开始铸钱。其钱，也仿开元通宝钱。

吴越国忠献王钱弘佐像

吴越国忠懿王钱弘俶像

杭州老字号系列丛书·货币金融篇

FINANCE 货币金融篇

◎历代古币与杭州历史名人◎

◎杭州最古老的地名“秦王揽船石”与秦半两

南宋《淳祐临安志》卷九“秦王揽船石”条目载：在钱塘门外，昔秦始皇东游泛海，舣舟于此。

陆羽《武林山记》云：自钱塘门至秦王揽船石，俗称西石头。北关僧思净刻大石佛于此。旧传西湖本通海，东至沙河塘向南一岸皆大江也，故始皇揽舟于此。

历经沧桑的“秦王揽船石”，是杭州最古老的地名。因为她，杭州有文字的古老历史可以追溯至秦以前，至今还矗立在西子湖畔宝石山下。真可谓，秦王揽石今安在，不见当年秦始皇！

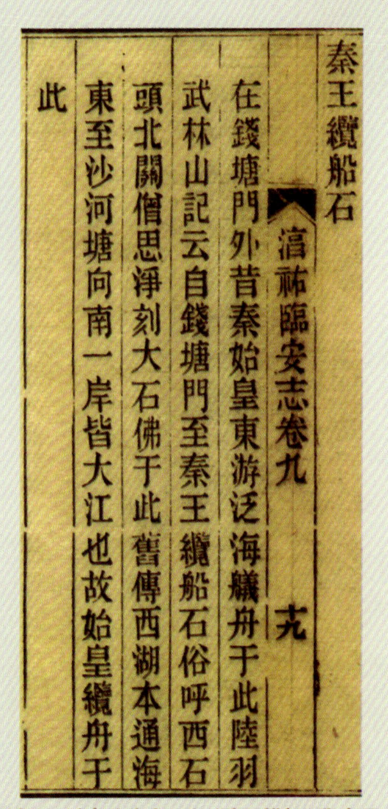
秦王纜船石
淳祐臨安志卷九　九
在錢塘門外昔秦始皇東游泛海艤舟于此陸羽
武林山記云自錢塘門至秦王纜船石俗呼西石
頭北關僧思淨刻大石佛于此舊傳西湖本通海
東至沙河塘向南一岸皆大江也故始皇纜舟于
此

■南宋《淳祐临安志》之“秦王揽船石”条目。

■杭州出土的秦半两。《史记·平准书》：“秦钱两半，径一寸二分，重十二铢”，但今所见，秦钱的大小规格并不完全一致。秦半两钱无内外郭，背平素，钱文突起，略显狭长，书法朴拙浑厚，豪纵俊逸。

■秦王揽船石（20世纪20年代）。

■从背面拍摄的秦王揽船石（20世纪90年代）。

■隋文帝像，隋文帝开皇九年（589年），置“杭州”，为杭州之肇始。

◎见证杭州肇始的隋五铢

《隋书·食货志》载：梁初唯京师及三吴荆郢江。湘梁益用钱，其余州郡则杂以谷帛交易，交广之域全以金银为货。武帝乃铸钱，肉好周郭，文曰五铢，重如其文。

《太平寰记记》云：隋开皇九年（589），以吴郡之盐官、吴兴之余杭合四县置杭州，在余杭县。此为“杭州”之肇始。

■见证杭州肇始的隋五铢

■杭州出土的汉五铢和汉五铢剪边钱和綖环钱，说明汉代杭州已很繁荣。

◎“茶圣”陆羽与“乾元重宝”

陆羽（733—804），字鸿渐，一名疾，字季疵，号竟陵子、桑苎翁、东冈子，唐复州竟陵（今湖北天门）人，一生嗜茶，精于茶道，明嘉靖《余杭县志》明确记载，唐上元初（760），陆羽在杭州余杭双溪著成世界上第一部茶叶专著——《茶经》，对中国和世界茶业作出卓越贡献，被誉为“茶仙”，奉为“茶圣”，祀为“茶神”。

明万历《灵隐寺志》之“道标”条目，中有：肃宗乾元元年，试通经七百纸者，得度师首。

朝廷规定，只有精通七百页佛经者，方可剃度为僧。灵隐寺诸僧竞选，和尚道标名列第一。明万历《钱塘县志》之“道标”条目，最后有：陆羽目为道标梵僧名之威风云。指的是陆羽在乾元元年（758）来杭，亲眼目睹了灵隐寺“试通径经七百纸者，得度师首”，和尚道标中选这件事，道标后为灵隐寺及下天竺寺住持。

陆羽还为杭州写下《武林山记》、《灵隐天竺二寺记》、《道标传》。他是杭州最具文化内涵的历史名人之一，古老的“乾元重宝”钱，见证了“杭为茶都”最重要的依据。

■灵隐寺（20世纪20年代）

■下天竺寺（20世纪20年代），陆羽好友道标曾为灵隐寺和下天竺寺住持和尚。

■唐乾元元年铸造的“乾元重宝”钱，见证了陆羽于乾元元年（758）来杭。

◎唐代杭州刺史白居易与开元通宝钱

《唐书食货志》载：

武德四年（621年）铸开元通宝，径八分，重二铢四，参得轻重大小之中，其文八分篆隶三体。

“江南忆，最忆是杭州”。那脍炙人口的千古绝唱，出自著名的唐代大诗人白居易之手。白居易（772—846），字乐天，自号香山居士。白居易为唐贞元十四年（798）进士，历官集贤院校理、翰林院学士、左拾遗、京兆府户曹参军、主客郎中、进中书舍人等。长庆二年（822），为杭州刺史。

白居易任杭州刺史期间，正值杭州大旱成灾，而西湖（钱塘湖）又严重葑淤。白居易不顾当地官吏与豪族的反对，据理驳斥了他们反对治理西湖的所谓“六大”理由，率领民众挖去葑田，增高湖堤，提高蓄水量，保障运河通航水位，并灌溉农田，疏浚李泌所开六井，便民汲用。又作《钱塘湖石记》，颁布西湖管理办法。白居易还作《冷泉亭记》等文，及西湖诗作二百余首，是历代书写西湖诗篇最多的诗人，开创了颂咏西湖的时代。

■杭州西湖出土的唐开元通宝钱，见证当年白居易在杭州任刺史的功绩。

■杭州西湖白堤（20世纪20年代），相传是唐代白居易挖西湖葑泥形成的。

◎背“越”、“润”字的会昌开元钱是浙江最早的纪地线

南宋《洪遵泉志》载：

（唐）会昌年（841），扬州节度使李绅于新钱背加昌字，以表年号，而进之。有勒铸钱之所，各以本州郡名为背文。越州以越字穿上、穿下，浙西以润字在穿上。此为浙江自铸钱币的最早确切记载。

会昌开元钱还有京兆府，以“京”字，在穿上；洛阳以“洛”字，在穿上；扬州以“扬”字，在穿上；西川以“益”字，在穿上；蓝田县以“蓝”字，在穿右；宣州以“宣”字，在穿左；江西以“洪”字，在穿上，也有穿下、穿右、穿左者；湖南以“潭”字，在穿左；兖州以“兖”字，在穿上；鄂州以“鄂”字，在穿上；平州以“平”字，在穿上；兴元府以“兴”字，在穿上；梁州以“梁”字，在穿右；广州以“广”字，在穿右；东川以“梓”字，在穿上；福州以“福”字，在穿上；丹州以“丹”字，在穿上；桂阳监以“桂”字，在穿右；连同越州，浙西监共计23个钱监。唐代的会昌开元钱，既是弥足珍贵的中国古币，又是一幅唐代的大致国土版图，展示了中国悠远古老、韵味无穷的钱币文化。

■会昌开元背“越”穿上、穿下钱，背穿上“润”字钱，为首次标有浙江地名的钱币。

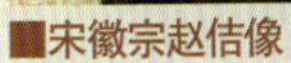
■宋徽宗赵佶像

■“大观通宝”钱，为宋徽宗御书之铁划银钩“瘦金体”。

◎宋徽宗题写的“大观通宝”钱和杭州的贡茶

宋徽宗赵佶（1082—1135），于北宋建中靖国元年（1101）至宣和七年（1125）在位，其在位时的崇宁、大观、政和、重和、宣和等年号，均铸有钱币。宋徽宗重用佞臣，陷害忠良，穷奢极欲，兴建华明宫等宫殿，激发了宋江、方腊等农民起义。金兵来攻，惧于战祸，遂传位于赵桓（宋钦宗），自称为道君太上皇。

靖康之耻，他和钦宗被金兵所俘，导致北宋灭亡。但宋徽宗在艺术上却颇有造诣，书法别具风格，铁划银钩，称“瘦金体”。绘画长于花鸟，以工细逼真著称。宋徽宗还是一位茶叶大家，不仅极善品茶，还著有《大观茶论》传世。

北宋时杭州的茶业已很兴盛，南宋《咸淳临安志》记载，杭州香林茶、白云茶等均为贡茶，宋徽宗也品尝过。香林茶产自杭州灵隐之香林洞，即今之青林洞，在今理公岩附近。

■理公岩之理公塔（20世纪20年代），茶圣陆羽在《武林山记》曾有记载，理公塔旁之下天竺茶写入陆羽《茶经》，北宋时以香林洞产香林茶为北宋贡茶。

◎北宋杭州太守苏轼题写的元祐通宝钱

苏轼（1037—1101），字子瞻，号东坡。眉山（今属四川）人。北宋著名文学家，有大量诗词、散文等文学作品存世，他的作品具有豪迈的气概，丰富的思想内容和独特的艺术风格，代表了北宋文学的最高成就。苏轼不仅是文学大家，且擅书法兼工绘画，精医术。北宋时的钱币多为对子钱，即一个年号的钱币，面文以行、草、隶、篆多种字体，由大家题写，相传北宋的元祐通宝钱即是苏轼题写的。

苏轼曾二度来杭为官，宋神宗熙宁年间（1068—1077），王安石创行新法，苏轼上书论其不便，反对变法。熙宁四年（1071），苏轼主动请求外放，通判杭州，再徙知湖州。元丰二年（1079），又因作诗讽刺新法，下御史狱，史称“乌台诗案”，后神宗关注，以黄州团练副使安置。此时苏轼筑室东坡，自号东坡居士。宋哲宗即位，起知登州，旋即召为起居舍人，再迁中书舍人、翰林学士兼侍读。元祐四年（1089），又以龙图阁大学士知杭州。

苏轼在杭之功绩，不仅因他无数的诗词使杭州增光添彩，因他的“水光潋艳晴方好，山色空濛雨亦奇。欲把西湖比西子，浓妆淡抹总相宜”而传承千古，还因百姓交口称赞的政绩留传至今。就在他知杭的当年，浙西大旱，饥疫并作，苏轼请示朝廷，免去本路供米三分之一，又争取到一些度僧牒，将它们卖出后换米救饥民。次年春天，又减价粜常平米，煮粥、制药、施医，救济灾民，医治患者，抢救出无数生命。苏轼还调民夫二十万，浚治西湖，募人种菱湖中。以收益补治湖资金，并将湖泥葑草堆成长堤，相去数里，横亘南北西山，即今之“苏堤”，堤上夹植花柳，堤上筑六桥，望之如诗如画，“六桥烟柳”因之得名。

■苏轼像（1037-1101）

■相传由苏东坡题写的北宋元祐篆行二体对子折二钱

杭州老字号系列丛书·货币金融篇

FINANCE 货币金融篇

◎宋元浙江货币◎

◎古代文献对杭州造币的记载

南宋《咸淳临安志》卷九有“造会纸局”条目，曰：

在赤山之湖滨，先是造纸于徽州，既又于成都。乾道四年（1168）三月以蜀远纸弗给，诏即临安府置局，从提领官权兵部侍郎陈弥作之请也。始局在九曲池，后徙今处，又有安溪局。咸淳二年（1266）九月□归焉，亦领以都司。工徙无定额，今在者一千二百人。咸淳五年（1269）之二月有旨住役。

“交引库”条目，曰：

在太府寺门内印造茶盐钞引，而请书押于丞簿。

中国最古老的纸币是“北宋交子”和“南宋会子”，这两条条目，记载了南宋乾道四年（1168）到咸淳二年（1266）一百余年间，在杭州赤山湖滨一带设置“造会纸局”，印制“南宋交子”的史实，当时工匠就有1200余人。而且还在太府寺门内印造可以抵钱之茶盐钞引。“南宋会子”未见真品，只发现过钞版。

南宋《乾道临安志》载：

大中祥符九年（1016）五月，江淮两浙发运使李浦言，饶、池、江、杭四州钱监，每岁共铸钱一百二十万贯，用铜四百五十三万斤。

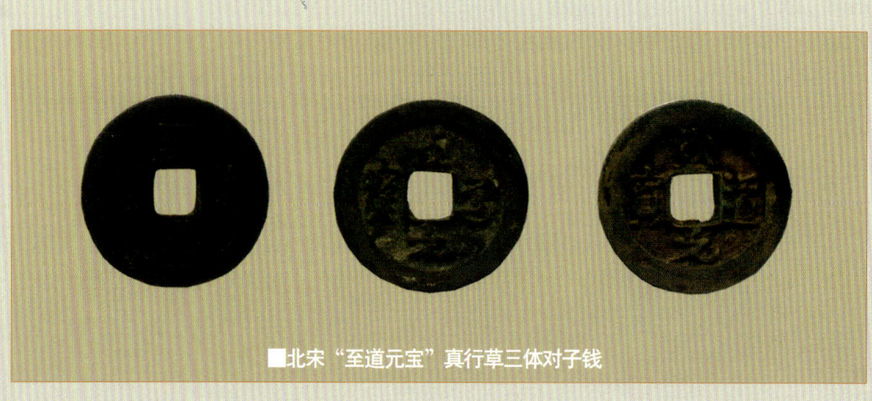

■北宋“至道元宝”真行草三体对子钱

■南宋《咸淳临安志》之“西湖图”，图中西湖西面苏堤尽处有红圈标出的“会子纸局”，是南宋印造“南宋会子”纸币之所在地。

明嘉靖《仁和县志》载：仁和县之平安桥有金锡库，即铜钱局也。

《文献通考》载：杭州有宝兴监，后废。

《经解管见》载：两浙铸钱少铜，或献议于铜铅中参用瓦末十之二上，以是乃教人为伪不许。

■会子的钞版。宋代初期，流通货币以铜铁钱为主。随着商品经济的发展，货币需求量比前代猛增十几倍。为了缓解铜铁资源短缺的状况，也为了更便于流通，在川蜀地区出现了世界上第一张纸币“北宋交子”，南宋在临安（今杭州）发行了全国通行的会子。

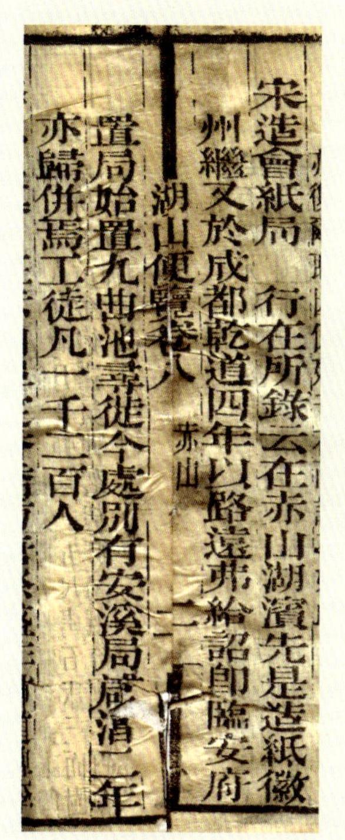

宋造會紙局 行在所錄云在赤山湖濱先是造紙徽
州繼又於成都乾道四年以路遠弗給詔即臨安府
湖山便覽卷八 赤山
置局始置九曲池尋徙今處別有安溪局咸淳二年
亦歸併焉工徒凡一千二百人

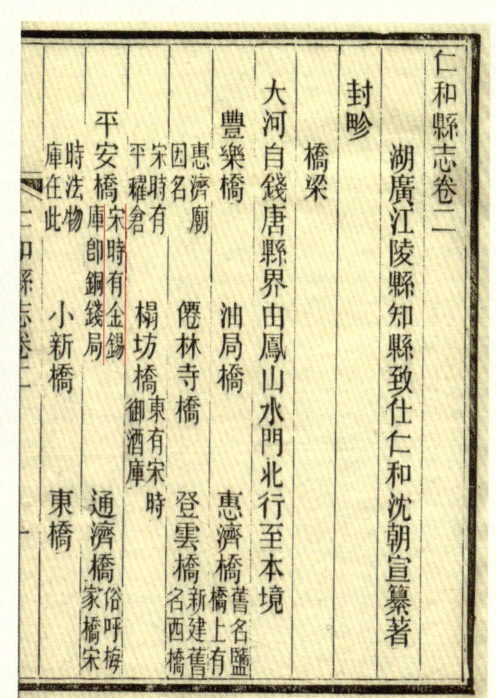

仁和縣志卷二
湖廣江陵縣知縣致仕仁和沈朝宣纂著
封畛
橋梁
大河自錢唐縣界由鳳山水門北行至本境
豐樂橋 油局橋 惠濟橋舊名鹽橋上有
惠濟廟因名 僊林寺橋 登雲橋新建舊名西橋
宋時有平糴倉 楊坊橋東有宋時御酒庫
平安橋宋時有金錫庫即銅錢局 通濟橋俗呼梅家橋宋
時法物庫在此 小新橋 東橋

■左 清《湖山便览》之“宋造会纸局”条目，记载杭州西湖边南宋设“造会纸局”，印造“南宋会子”史实。

■右 明嘉靖《仁和县志》对宋时金锡库在杭州平安桥设铜钱局的记载。

《宋史·神宗记》载：熙宁六年（1073）七月，诏京西、淮南、两浙、江西、荆、湖等六路各置铸钱监。

《宋史·地理志》载：建德府本严州，新定郡监一神泉。

《元丰九域志》载：熙宁七年（1074）置神泉监。

《新定续志》载：神泉铸钱监在朝京门外，今废。

《玉海》载：崇宁三年（1104）九月，诏东南十监舒衡睦鄂韶梧六监铸小钱，余监铸当十钱。

以上可知，宋时建德曾有钱监，浙江曾铸熙宁通宝钱和崇宁当十大钱。

■图为杭州出土的北宋崇宁通宝钱，上面字体为宋徽宗所题的“瘦金体”。

◎古籍上对浙江铸钱设官的记载

清《浙江通志》还有唐、宋、元、明历代对浙江铸钱设官的记载：

浙江铸钱之官始于唐永泰元年（765），刘显充东都淮南、浙江诸道铸钱使。宋自开宝（968）平江南之后，江浙寻复置监，系发运使兼提点。景祐二年（1035），始置江浙诸路都大提点坑冶铸钱官一员，为魏兼为之。元丰二年（1079）三司言，江浙等路提点坑冶铸钱官，通领九路水陆，巡按不周，欲增

■南宋建德神泉监铸造的折二淳熙元宝背泉钱，有小泉、中泉、大泉、篆泉之分，图中自左至右依次为小、中、大篆体折二淳熙元宝钱。

一员。分路提点从之，遂定为两司。至元祐元年（1086），从淮南提点李深之请，以坑冶铸钱通为一司。绍兴二十七年（1157），置提领诸路铸钱官于行在，以户部侍郎荣嶷为之。元代钱钞并行，顺帝至元十一年（1274），浙省置宝泉提举司，所辖有铜冶场凡三，各置提领大使、副使一人。明设布政使宝泉局大使一员，后遂革除。

◎古籍上对北宋末年浙江铸钱的记载

《宋史食货志》载：

崇宁四年（1105），命荆、湖南北、江南东西、两浙并以折十钱为折五，旧折二钱，仍旧。五年（1106），两浙盗铸尤甚，小平钱益少，市易濡滞，遂命以折五折十上供，小平钱留本路。俄诏广南、江南、福建、两浙、荆、湖、淮南用折二钱改铸折十钱，皆罢。其创置铸钱院及招置钱户并停，继复罢铸当十二分之令，尽铸小平钱。荆湖、江南、两浙、淮南，重宝钱作当三。大观二年（1108），江南东西、福建、两浙许铸使铁钱，三年（1109），诏以两浙铸夹锡钱，扰民，凡东南所铸皆罢。

北宋末年，外侮内困，钱法上也是钱制混乱，竟以折二钱改铸折十钱。两浙少铜，开始铸造铁钱，夹锡钱。

■杭州中、东河出土的崇宁通宝夹锡钱

■杭州出土的北宋铁钱

◎南宋淳熙七年（1180），杭州铸世界首枚纪年钱

靖康之耻后，南宋定都临安府（杭州）《宋史》载：绍兴二十七年（1157）八月复置提领诸路铸钱司于行在。二十九年（1159）六月复置江、淮、荆、浙、福建、广南路提点坑冶铸钱官。

由此可知，南宋建都临安府后，绍兴二十九年（1159）六月，杭州开始铸造南宋钱币。

南宋之初的建炎、绍兴、隆兴、乾道四个年号的钱币仍延续了北宋对子钱的传统。自淳熙七年开始采用了正面钱文为横平竖直的仿宋体 “淳熙元宝”，背穿上则铸纪年“柒”字，代表淳熙七年，即1180年，这便是世界上第一枚纪年钱。

南宋的钱币，品种、版别繁多，是我国造币史上灿烂光辉的一页，开创纪年钱是其一大特色。

南宋的纪年钱多铸造在小平钱（即一文钱）、折二钱（即二文线）上，庆元四年至六年（1195—1200）的折三钱上也铸有四、五、六的纪年。南宋小平钱的纪年钱为淳熙七年至十六年，绍熙元年至五年，庆元元年至六年，嘉泰元年至四年，开禧元年至三年，嘉定元年至十四年，宝庆（大宋）元年至三年，绍定元年至六年，端平元年，嘉熙元年至四年，淳祐元年至十二年，开庆元年，景定元年至五年，咸淳元年至八年。这样，南宋小平纪年钱为88枚，而南宋折二纪年钱少铸端平元年，为87枚。南宋纪年钱也代表了南宋在杭州建都150余年的历史，成为中外历史和钱币爱好者竟相追逐的目标。二十余年前，有位资深的新加坡钱币爱好者著文说，如果到市场上去沙里淘金，一般要三年方能攒齐一套南宋折二纪年钱，而一套南宋小平纪年钱则要耗时六年。二十余年后的21世纪初，其难度更将大大增加。

■ 南宋淳熙七年（1180）折二纪年钱，是世界上首枚纪年钱

■ 弥足珍贵的南宋淳熙七年，端平元年和开庆元年小平纪年钱

◎南宋临安府行用铜铸牌

清《乾隆志》载：宋铜铸牌面铸《临安府行用》五字，背作准五百文省、或准三百，或准二百，或准一百，以大小别之，圆孔行素谓铸三字非也。

铸：古代腰带上的饰物，铜铸牌有圆孔，是可系于腰带上的钱牌。

丁福保《历代古钱图说》仅载五百文、三百文、二百文。六七十年过去，南宋准壹百文省铜铸牌已有面世。且有镴质铸牌面世，甚至有准二十文省铜牌面世，证实清《乾隆志》记载符合历史。

南宋临安府行用铜铸牌，是南宋铸币史上一大创举，也是南宋钱币一大特色，非常珍罕。

著名钱币学家丁福保

◎丁福保，字仲祜，号梅轩，别号畴隐居士、济阳破衲，清同治十三年(1874)六月二十二日出生于无锡城内书院弄摇车湾旧宅。幼年入家塾读书。13岁始，听其长兄丁宝书讲解经史诗赋，学业大进。光绪二十一年(1895)在江阴南菁书院肄业，次年考取秀才。光绪二十三年秋去南京应乡试未中，次年再入南菁书院，随著名数学家华蘅芳、华世芳学习数学。光绪二十四年在无锡俟实学堂担任算学教习。光绪二十七年入苏州东吴大学攻读化学。后久病不愈，遂去上海名医赵静涵处学医，并考入上海东文学堂学习日语。光绪二十九年夏，受张之洞之聘，任京师大学堂译学馆算学及生理卫生学教习。光绪三十一年回无锡组织译书学会，编印了《代数备旨》等教科书。20世纪40年代，其编著《历代古钱图说》而闻名著世。

■南宋铸牌，自右至左：临安府行用准壹佰文省铅牌、准五百文省铜牌、准叁佰文省铜牌、准贰佰文省铜牌、准贰拾文省铅牌。

◎古代钱币见证了宋元海上丝绸之路

宋代继承唐代市舶司制度，提倡鼓励海外贸易。南宋时偏安东南，财政收入大受影响，“一切倚办海舶”。元代统一中国后，幅员辽阔，陆海畅通，宋元政府都把海运定为国策，杭州通过明代的海外贸易长足发展，极大地促进了海上丝绸之路的拓展。时光流逝千年，丝绸腐烂了，茶叶品饮了，只有熠熠生辉的传世和出土的陶瓷和古币，诉说着千年海上丝绸之路的辉煌。

宋元时期，造船和航海技术发展迅速。据文献记载，宋代海船载重以60—120吨居多，300吨的也不少，甚至还出现载重600吨（万斛）的大海船。《岭外代答》（卷六）广船条写道：“浮南海而南，舟如巨星，旁若垂天之云，柁长数丈，一舟数百人。中积一年粮，豢豕酿酒其中”，足见规模之大。元代大船“宛如山岳，飞临海上”，气势十分壮观。大旅行家伊本·巴图塔说：“中国船分大、中、小三级，大者船员千人，其中水手六百、卫兵四百。”是时，华船之结构，装备载量皆冠绝千古。由于造船的发达，船舶数量随之攀升，大的海商应运而生。泉州海商佛莲就有海舶八十艘。庞大的宋元海舶船队北上航行日本、高丽，南下菲律宾、马来半岛、锡兰、印尼的苏门答腊、缅甸。

《宋史·食货志》载：庆元三年（1197），复禁铜器，期两月，鬻于官。又市舶于闽广往来，钱宝所由泄，自临安出国门下江海皆有禁。

南宋初期，铜币十分珍贵，禁运铜钱出口。南宋嘉定十二年（1219），朝廷设立市舶司，监督管理贸易，控制走私活动，并禁运铜钱出口，曾十次下令禁止铜钱外流，放以丝绸、瓷器和漆器进行贸易。由此，以浙江明州、福建泉州、广东广州为中心的海上陶瓷丝绸之路蓬勃兴旺。、日本、韩国、菲律宾、印尼等出土了不少宋元时期的浙江龙泉青瓷、黑釉器、瓷器，这些都是都是当年海上丝绸之路贸易的遗存。伴随着宋元瓷器出土的是一些南宋和元代钱币，凭着这些古币，考古学家可以断代，而这些宋元古钱也见证了当年海上丝绸之路的辉煌。

■20世纪末杭州出土的南宋金铤，弥足珍贵。

■庆元通宝四、五、六年折三钱。

浙江圖

■南宋《咸淳临安志》之“浙江图”，见证着杭州宋元海上丝绸之路的辉煌

■宋度宗

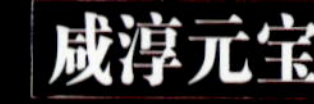

■南宋铸造的最后一枚钱币咸淳元宝钱。

◎古籍上对元代浙江造币的记载

《续文献通考》载：至正十一年（1351），置各处宝泉提举司凡九所，浙江行省一所，辖铜冶场凡三，置提领大使、副使一人掌浸铜事。

■元太祖像

■杭州出土的至正通宝当十钱。

■杭州出土的巴思巴文当十大钱。

杭州老字号系列丛书·货币金融篇

FINANCE 货币金融篇

杭州老字号系列丛书·货币金融篇

◎明代浙江货币◎

◎洪武窖藏与弥足珍贵的元末明初农民起义钱

《续文献通考》载：

明初，置宝源局，各行省置宝泉局，顾以元用钞省便，仍设宝钞，提举司造“大明宝钞”，命民间通行，至立“倒钞法”。洪武二十六年（1393），又令大明宝钞与历代钱兼行，钞一贯并钱千文，又以铸钱扰民，罢宝泉局。时两浙民，重钱轻钞，有以钱百六十文折钞一贯者。由是物价涌贵，而钱法益坏，

■杭州出土的元末农民起义钱，陈友谅铸折三天启通宝，折二、折三大义通宝。

不行，永乐时亦然，至宣德三年（1428）停造新钞，然犹设立钞关，籍以收钞，而通钞法。嗣后始用钱，而钞法渐除。是可知钞法之设，终不若鼓铸之尽善。浙江虽非产铜之处，然观元时之苦于用钞，而乐于用钱，则钱法之利，于民生固万世不易之良规也。

此段记载道出了洪武二十六年，即1393年，江浙“洪武窖藏”的来历。

凡是古币爱好者都知道江浙一带有“洪武窖藏”钱。所谓“洪武窖藏”，指的是明代洪武二十六年，朱元璋下旨印制“大明宝钞”，废止沿用千年的铜钱，江浙一带民间顿时大乱，纷纷将铜钱装入缸瓮，埋入地下。兵荒马乱，年代久远，渐渐被主人遗忘，数百年后，被人陆续挖到，名之为“洪武窖藏”。

“洪武窖藏”中有包括“洪武通宝”在内的历代钱币，其中最多的是北宋钱币，其次是南宋钱币。笔者曾两次获得过出土的“洪武窖藏”。“洪武窖藏”中，大约95%以上是北宋钱，3%—4%为南宋钱。南宋钱币中有一半左右是纪年钱，一半则是建炎、绍兴、隆兴、乾道对子钱，而南宋纪年钱中1%—2%为小平纪年钱。由此可知，要集齐一套88枚的小平南宋纪年钱确非易事。在一次出土的“洪武窖藏”中，最为注目的是元末明初的天启、龙凤、天佑、天定、大义、大中等农民起义钱，以及元代至正、至大、洪武大钱，这些钱不仅珍稀，而且由于使用时间短，品相都非常好。“洪武窖藏”本来就珍罕，而那些元末明初的农民起义钱更是弥足珍贵。

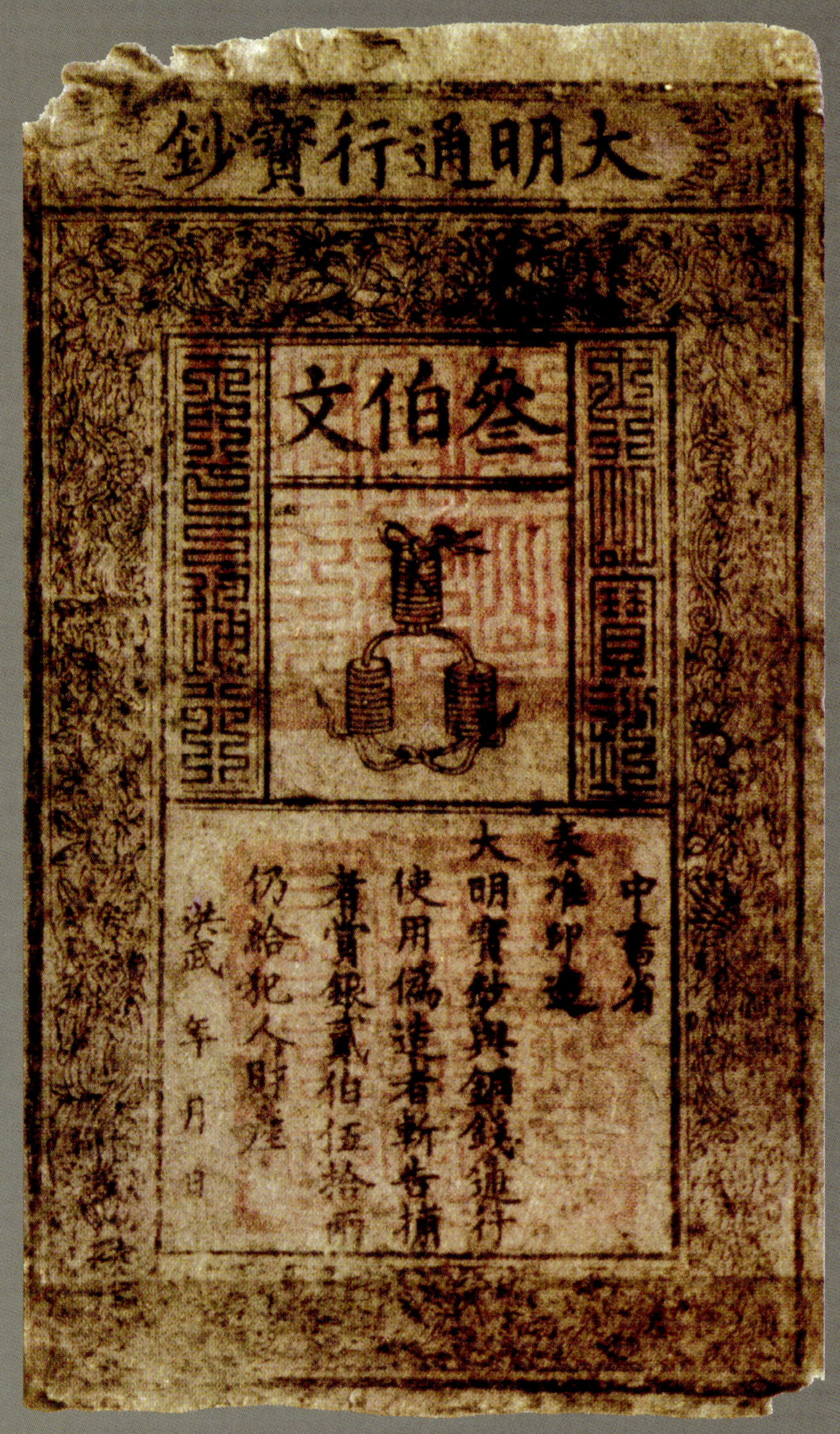
大明通行寶鈔
叁伯文
中書省
奏准印造
大明寶鈔與銅錢通行
使用僞造者斬告捕
者賞銀貳伯伍拾兩
仍給犯人財產
洪武 年 月 日

■大明通行宝钞叁佰文。

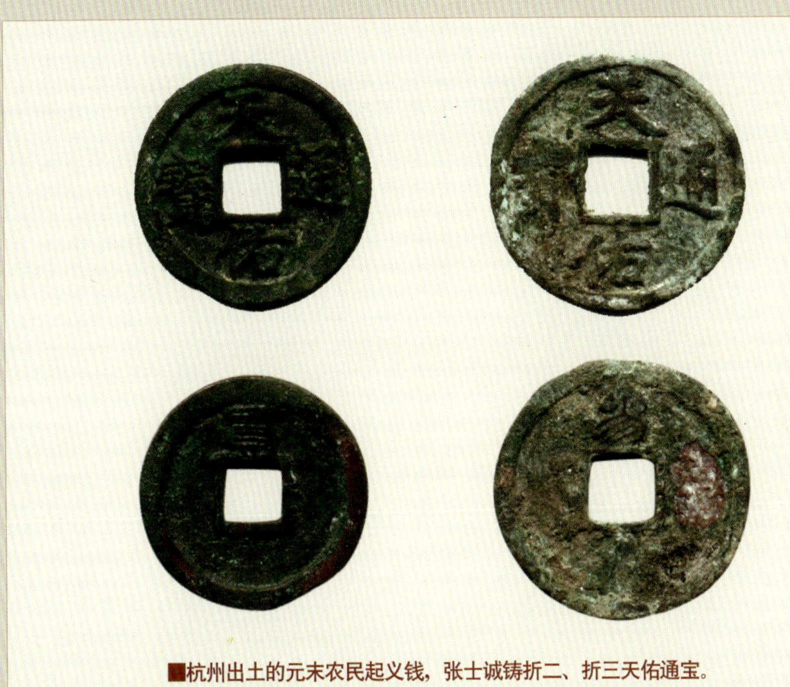

■杭州出土的元末农民起义钱，张士诚铸折二、折三天佑通宝。

◎元末农民起义钱大中通宝

《皇明法传录》载：

元至正二十一年（1351），太祖（朱元璋）置宝源局，铸大中通宝钱。大中通宝钱，有小平、折二、折三、折五、折十五种，背有北平、鄂、京、浙、济、桂、福、豫、广等，又有纪值一、二、三、五、十等字。

元至正二十一年，距朱元璋登基称帝的洪武元年，即1368年，还有17年的时间，朱元璋其时已控制了江浙、福建、湖北、湖南、广东，甚至北方的一些省份，占据了大半个富庶的中国，并设置了宝源局，在各地自铸钱币，纳税筹饷，与元军奋战，逐鹿中原。这些钱币同样是农民起义钱，非常稀少，特别珍贵。而其中的大中通宝小平、折二、折三、折五、折十背浙钱都是在浙江开炉铸造的。

■杭州出土的元末农民起义钱，韩林儿铸折三龙凤通宝，徐真一铸折二、折三天定通宝。

■杭州出土的朱元璋铸大中通宝，背浙小平、折二、折五、当十钱。

◎明“洪武通宝”背浙钱

《皇明法传录》载：洪武七年（1374），令户部及各省铸洪武通宝。

《续文献通宝》载：其制凡五等，当十钱重一两，当五钱重五钱，当三当二皆如其当之数，小钱重一钱。浙江炉二十一座，每岁铸一千一百六十六万四千文。

◎古籍上对明代在浙江铸币的记载

《泳化类编》载：永乐九年（1411），令浙江、江西、广东、福建四布政司铸永乐通宝钱。

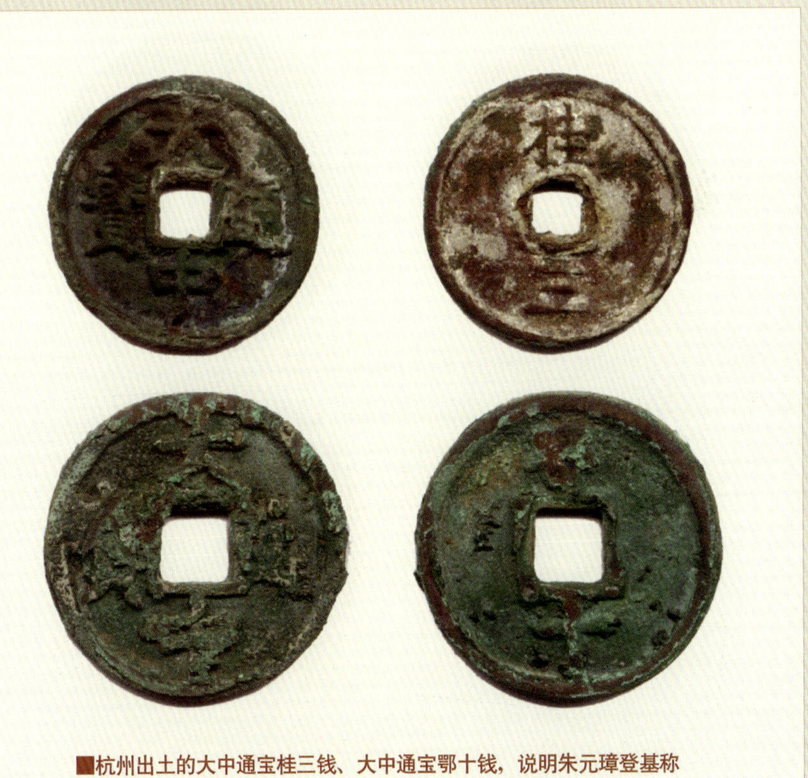

■杭州出土的大中通宝桂三钱、大中通宝鄂十钱，说明朱元璋登基称帝前广西、广东与浙江已为其所控制，联成一体，商贸交往频繁。

■杭州出土的洪武背浙小平钱，折二钱、折三钱、折五钱、当十钱。

■杭州出土和传世的明永乐、宣德、弘治、嘉靖小平钱。

《续文献通考》载：宣德九年（1434），令南京工部并浙江等布政司铸宣德通宝钱。

《明会典》载：弘治十八年（1505）令南北直隶府州并十三布政司查盘洪武、永乐、宣德等钱，并铸弘治通宝。

上图是杭州出土和传世的明永乐、宣德、弘治、嘉靖通宝小平钱。明永乐、宣德、弘治三朝均只有小平钱，而嘉靖通宝则有折二（二钱）、折三（三钱）、折五（五钱）和折十（一两）钱，均稀缺珍贵。

《明会典》载：弘治元年（1488）令淮安、临清、扬州、苏州、杭州、九江等板闸船料钞关俱令钱钞兼收。

所谓“钱”，即铜钱；“钞”，即“大明宝钞”纸币。说明其时纸币、铜钱均通用。

《日知录》载：洪武至正德十帝仅四铸，以后一帝一铸，至万历益精，每百重十有三两，市价有恒，钱不乱民，称便焉。

弘治后基本一帝铸一钱，钱稀而精。洪武至正德十帝仅四铸。洪武至正德有洪武、建文、永乐、宣德、正统、景泰、天顺、成化、弘治、正德十帝，在位从1368年至1522年，这154年间，十帝中只洪武、永乐、宣德、弘治四帝铸钱传世，钱也规范，社会也稳定。

《春明梦余录》载：隆庆四年（1750）铸隆庆通宝钱。

《续文献通考》载：万历四年（1576）题准通行十三布政司、南北直隶开局铸钱，每府发镟边样钱一百文，照式铸造，呈样又题准通行天下。开铸制钱与本地方旧钱相兼行使，着各抚按官设法经理，务在便民，毋致劳扰。十三年（1585）铸万历通宝。

明代泰昌为光宗年号，明光宗朱常洛当了二十天皇帝就去世了。《竹窗解颐录》记载，其继任熹宗见先朝所铸，没有泰昌，命钱局将天启、泰昌并铸。明熹宗铸有天启小平钱，背有星、月、纪重、纪地、纪局等钱，还有折二、折十大钱。天启小平钱中有“浙”字纪局钱，当为浙江铸造。

按此，隆庆和万历年间均题准铸钱，而且将呈样通行天下，防止作伪钱币。这段记载也明确“开铸制钱与本地方旧钱相兼行使，……务在便民，毋致劳扰”。明代中期国家富裕，当朝铸制钱和前朝制钱一并使用，社会也安定。

《明史稿》载：崇祯元年（1628）铸崇祯通宝钱。崇祯通宝钱品类繁多，仅杭州出土和传世的崇祯通宝小平钱有数十种之多，还有监二、户二、工二折二钱及户五、工五、监五折五钱以及折十大钱。

■杭州传世的隆庆通宝和万历通宝小平钱、万历通宝折二钱。

■杭州出土和传世的明代天启背穿上“浙”字小平钱，背穿上“户”字折二钱，十一两当十大钱。

■杭州出土和传世的明代崇祯背穿上“嘉”字穿下跑马小平钱和右二折二钱。

◎杭州出土的明末清初三藩钱

明末清初，清兵入关，社会动乱，三藩拥兵自重，蠢蠢欲动，均铸有钱币。

《黄宗羲行朝录》载：崇祯十七年（1644），鲁王回越铸大明通宝钱，背有户、工、帅等字。

“鲁王回越”，“大明通宝”应是三藩在浙江铸造的钱币。

《三藩纪事本末》载：福王神宗孙，甲申（1644）三月至南京即位，改明年为弘光元年（1645）。十月命铸弘光通宝钱。小平背上星及凤字等，折二右贰字。

唐王韦键顺治乙酉（1645）闰七月，僭位于福州，改元隆武，铸隆武宝钱。小平背有户字、工字、又有铁钱，折二，背无文。

《三藩纪事本末》载：永明王神宗孙，避于梧州，于丙戌（1646）改元永历。其钱有大小四种，今永历钱小平背有星，户、工、御、敕、督、部、道、府、留、粤、辅、明、定、国等字，折二背无文，折五有五厘二字，折十有大小二种，背皆壹分二字。又有铜色幽润之小平钱及篆行二种折二钱，为台湾郑成功铸于日本长崎者。

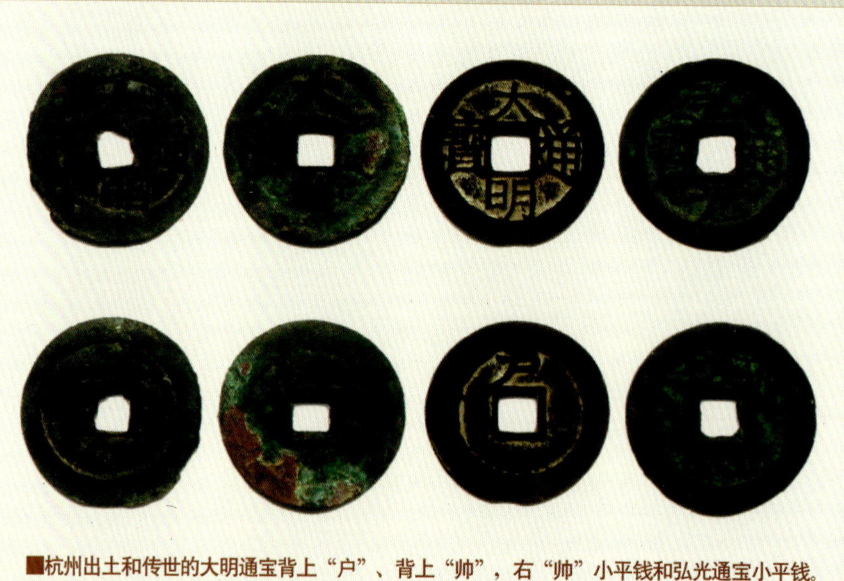

■杭州出土和传世的大明通宝背上“户”、背上“帅”，右“帅”小平钱和弘光通宝小平钱。

■杭州传世的郑成功光复台湾所铸篆行二体永历通宝钱。水红铜质，极少见黄铜品，书法俊秀。

《绥寇纪略》载：

甲申（1644）正月，李自成称王于西安，国号曰顺，改元永昌。今永昌钱有小平、折五二种，背皆无文。

《茶岩逸考》载：

甲申（1644）冬，张献忠僭号于成都，称大西国，即王位，铸大顺通宝钱，背有户、工等字。

孙可望入滇，自称东平王，铸钱曰兴朝通宝。小平背下工字，折五背五厘二字，折十背壹分。

■杭州传世的闯王李自成铸永昌通宝小平钱和折五钱。

■杭州传世的隆武通宝背“工”、背“户”小平钱和折二钱。

■杭州传世的永历通宝背穿上“工”小平钱，折二钱，五厘钱，壹分钱。

《钱录》载：

吴三桂初封平西王，镇滇南，即铸钱，文曰利用通宝。小平背有厘，贵、云字，折二背有二厘两字，折二五有五厘二字，折十有一分、壹分等字。

《茶岩逸考》载：

吴三桂称帝于衡州，伪号大同，僭元昭武，今昭武钱小平背工大字，又有篆书，折十篆书，背壹分二字。

端木《钱录》载：

吴三桂孙世□袭伪号，改元洪化，铸洪化通宝，背有户、工等字。

《茶岩逸考》载：

耿精忠叛据闽中，铸裕民通宝钱，小平背无文，折二背右一分二字，折十背有壹钱、浙一钱等字。

耿精忠占据福建、浙江一带，铸浙一钱裕民通宝折十大钱，此为明末清初在浙江铸造的唯一钱币。

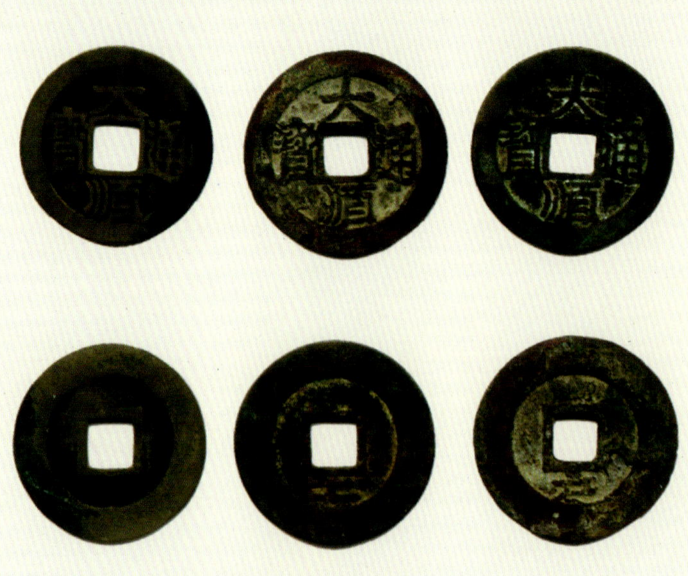

■杭州传世的大顺通宝小平背“工”、背“户”钱。

■杭州传世的利用通宝小平钱，背二厘折二钱。

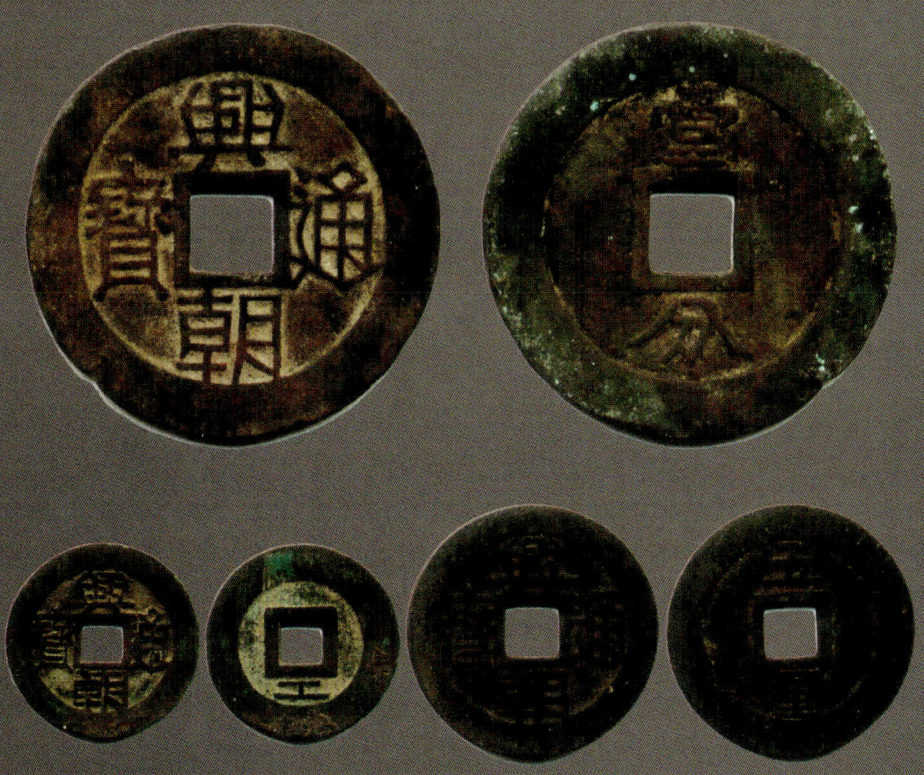

■杭州传世的兴朝通宝背“工”小平钱，背五厘折五钱，背壹分折十钱。

■裕民通宝小平钱，背一分折二钱，背壹钱当十大钱。

■昭武通宝背“户”小平钱，篆书背壹分折十大钱。

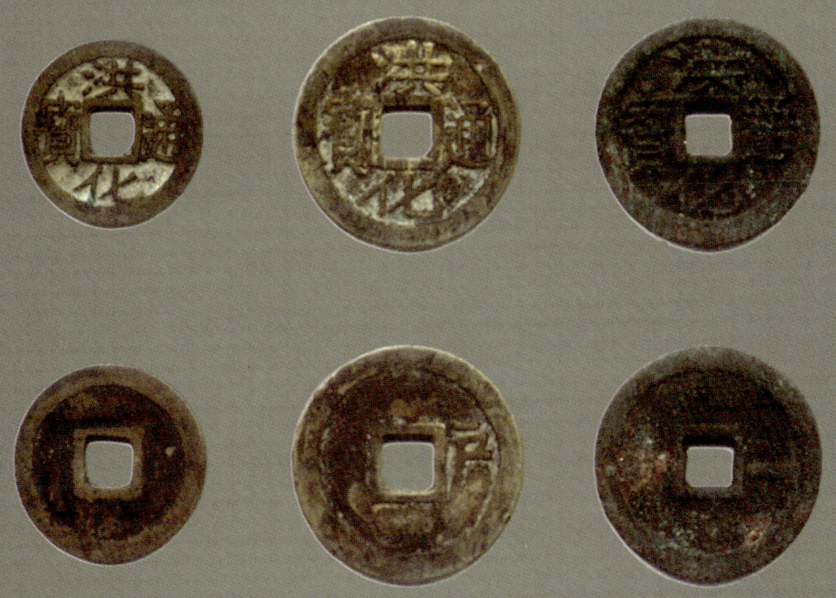

■杭州传世的洪化通宝背“户”、背“工”小平钱。

杭州老字号系列丛书·货币金融篇

FINANCE 货币金融篇

◎清代浙江铸造的钱币◎

■顺治宝浙局制钱，自上至下为明钱式顺治通宝钱，背无文；宝浙局单汉字背穿上浙；穿右浙字顺治通宝钱；宝浙局浙一厘顺治通宝钱；宝浙局满汉文顺治通宝钱。

◎顺治通宝钱

《浙江通志》对全国各省及浙江开炉鼓铸顺治通宝，有一系列记载：

顺治元年（1644），令户部汉右侍郎一员督理京省钱法，各省镇开炉鼓铸，令布政司总理，就近道厅官分管。浙江布政司所属衙门旧有宝源局大使、副使各一员，后裁。

顺治二年（1645），题准京省铸钱，每重一钱二分，每七分准银一分。顺治六年（1649），令浙江设局鼓铸。顺治八年（1651），议准每文重一钱二分五厘，不许轻重违式。

顺治八年（1651），议准各布政司止开一局，余俱停止。

顺治九年（1652），题准各省铸钱，本息责成各该衙门按季报部，年终汇报奏销。

顺治十年（1653），题准铸造制钱，务令精工背铸一厘二字，户部添一"户"字，各省俱添一字，浙江添"浙"字，铸不合式者，参究。

顺治十四年（1657），加至一钱四分。

同年，题准各省铸局既行停止，独令宝泉局鼓铸。

顺治十七年（1660），复设各省钱局。

浙江出土和传世的顺治通宝钱有四式：一为明钱式，正面为顺治通宝，背无文；二为背铸单汉字有穿上"浙"字或穿右"浙"字二种；三为一厘钱，正面同，背右"浙"字，左为"一厘"二字；四为满汉文式，右为汉文局名，左为满文局名。其时全国共二十一局。

◎康熙通宝钱

《浙江通志》载：

顺治十八年（1661），论准无厘字，旧钱每斤给价七分收毁鼓铸。又题准铸成康熙通宝样钱，颁发各省局依式铸造，顺治钱仍旧行使。

康熙元年（1662），令停各省钱局。

康熙六年（1667），浙江总督赵廷臣条议，各省炉座仍令照旧鼓铸以补。

康熙七年（1668），浙江开铸，钱文每文重一钱四分，以二万文为一秤。计钱二十串。每串用水铜一百七十五斤，外加耗铜一十八斤十二两，共正耗铜

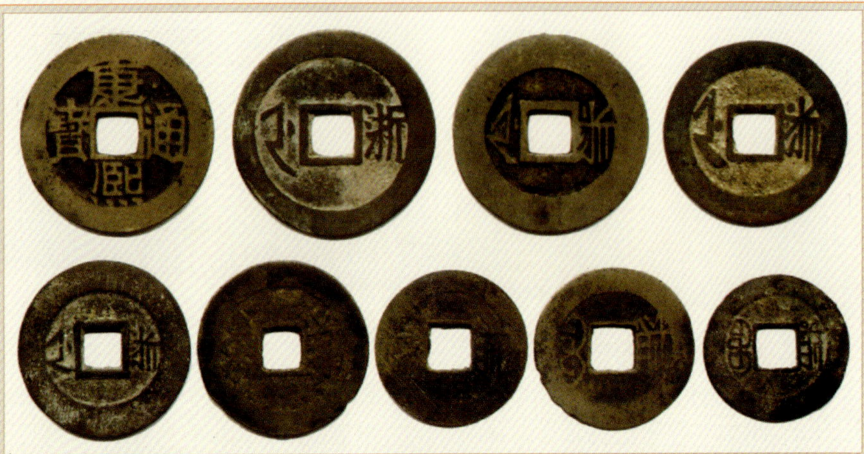

■宝浙局满汉文式康熙通宝钱。大小不一，小者是私铸钱。

■杭州出土的宝台局康熙通宝钱，有大台（左）、小台（右）之分。康熙通宝宝台钱为首枚铸有“台”字钱币，表明了中央政府对台湾的主权，在杭州出土和传世可说明当时浙江和台湾之间的往来。

一百九十三斤十二两，计炭罐工食物料等项银共五两七钱九分。

康熙二十三年（1684），议准鼓铸制钱，每文足重一钱，行文铸钱，各省俱照新鼓铸。

三十五（1696），浙江开炉。钱文每文重一钱，以二万文为一秤，计钱二十串。每秤用红铜六分，白铅四分，配搭用正铜铜一百二十五斤，外加耗铜铅十一斤四两，共用正耗铜铅一百三十六斤四两，计给炭罐工食物料等项银共二两六钱八分五厘。每年动用库银二十余万两，给商采买红铜、倭铅，对搭鼓铸。设炉二十座，每日铸钱二十秤。

康熙四十一年（1702），仍重一钱四分。

浙江省局鼓铸康熙通宝钱币有记载的五六次，按部颁样钱轻重不一，有每文重一钱四分者，重一钱者，故宝浙局康熙通宝钱的大小版式也较多。

◎雍正通宝钱

清《浙江通志》载：雍正五年（1727）十二月，户部折奏查各省兵饷多者一百四十万两，少者三四十万两。……搭放需钱应用净铜若干斤可开鼓铸，开

■宝浙局满汉字雍正通宝钱。

之处另单录呈御览。

浙江岁需官兵俸饷银一百万八千七百四十五两八钱零，以一成钱搭放，其该银十万零八百七十四千五百八十文，得净铜八十八万二千六百五十二斤九两二钱，可以开炉。以二成搭放，其该钱二十万零一千七百四十九千一百六十文，得净铜一百七十六万五千三百零五斤二两四钱，可以开铸。

雍正八年（1730）浙江开宝浙局铸出钱文，九一搭放兵饷，并府县俸工及鼓铸工料等项。

同年，浙局鼓铸钱文。每发黄铜一秤，计生熟各九十六斤二两，外加白铅十斤十三两二分五厘，黑铅四斤十二两（铸钱定例每发黄铜一斤，加白铅九钱，黑铅四钱）。铜铅每百斤加耗九斤，铸出钱一秤计重一百七十四斤十五两四钱，计交钱二十千文。每千文重八斤十二两，如轻加补。铸钱一秤给工料钱三千四百一十六文，每秤外收加铅钱一千六百二十五文，给铅钱工料钱二百七十七文五毫五丝，每钱一串交补串钱二文。按每秤土料钱三千四百一十六文，折银三两四钱一分六厘，于九年（1731）分报部准销。

十二年（1735），户部九卿遵议，将现行一钱四分之例，遵照顺治二年每文改铸一钱二分。

雍正帝在位十三年（1723—1736），钱法严厉，钱币规范，钱币正面为雍正通宝，背为满、汉字，左为满文“宝”字，右为各省局名，共有十七局。

◎乾隆通宝钱

清《杭州府志》载：乾隆五年（1740）开局，堂宇库炉悉循旧。

乾隆五年浙省改铸青钱，以杜销毁。

总督德沛奏称，曾在闽省试铸，毁造，不能成物，已有明验。护浙江巡抚张若震奏称，铸出钱文每库平纹银一两换钱八百十文，设厂售卖，较市价易换，

■杭州中、东河出土的宝浙局（左）和宝台局（右）乾隆通宝钱。

■户部宝泉局（左）和宝浙局（右）嘉庆通宝钱。

■宝浙局道光通宝钱。

每两已沾数十文之惠，俟铜铅价减，市价渐平，或再酌增钱数，或仍搭放兵饷，另咨改办。

是时部颁鼓铸则例，浙局设炉十座，每年鼓铸六千四百八十文，遇闰加铸五百四十秤。每铸铜铅锡百斤，内配铜五十斤，配白铅四十一斤八两，黑铅六斤八两，点锡二斤。每炉每年用铜五万三千四百六斤八两六钱四分，白铅四万四千三百二十七斤六两八钱五分一厘二毫，黑铅六千九百四十二斤一十三两六钱三厘二毫，点锡二千一百三十六斤四两一钱八分。

每铸钱一文、重一钱二分；每千文重七斤半。十炉共钱一十二万九千六百串。每秤额给炭罐工料银三两三钱二分七厘，年共二万九百一十两九钱六分。

乾隆在位60年（1736—1796），其乾隆通宝，沿雍正通宝版式，正面为乾隆通宝，背两满文式，共有二十一局。宝浙局乾隆通宝大小、面文略有差距，版式较多。乾隆通宝的二十一个局可铸之钱，几乎在杭州均有出土和传世，说明康乾盛世杭州的繁华和全国市场大流通的情况。

杭州中、东河出土的宝浙局和宝台局乾隆通宝钱，说明当时浙江和台湾之间交流颇多。

◎嘉庆通宝钱和道光通宝钱

清嘉庆朝（1796—1821）和道光朝（1822—1850）宝浙局均鼓铸过钱币，但见于文献记载不多。嘉庆朝和道光朝在全国各地设浙江等十八个铸钱局。嘉庆通宝钱和道光通宝钱，版式同于雍正、乾隆通宝钱，背为两满文。

◎咸丰通宝钱和太平天国钱

咸丰帝在位11年（1851—1861），正是中国进入近代的初始时期，外国列强力图瓜分中国，内部太平军起义，社会动乱，清廷内外交困，这也反映到鼓铸钱币上。

清《杭州府志》载：咸丰四年（1854），以军兴费繁，始铸咸丰重宝当十大钱，重四钱四分。凡百钱用通宝八十、重宝二。浙江于八月二十二日颁行，设大美官钱局主其事。

咸丰时有全国各省钱币局二十余个，除背两满文的咸丰通宝钱外，还有当

■宝浙局两满文咸丰通宝小平钱（上），宝台局咸丰通宝小平钱（下）。

■杭州出土的太平天国钱币。

■宝浙局（左）和宝台局（右）同治通宝小平钱。

■宝浙局光绪通宝机制（上）和鼓铸（下）小平钱。

宝泉局宣统小平钱。

五、当八、当十、当二十、当三十、当四十、当五十、当百、当五百、当千的咸丰重宝大钱，钱币版式众多反映出财政困难，钱制也乱。其中，宝浙局除常见的背两满文咸丰通宝小平钱外，出土和传世常见的还有左右两满文，上下为当十的咸丰重宝大钱，而其他宝浙局满汉文当十、当二十、当三十、当四十、当五十、当百的宝浙局咸丰重宝钱均极为罕见。

太平军曾二度入杭，铸有多种钱币，杭州也多有传世和出土。

◎同治通宝钱和光绪通宝钱

清同治年间（1862—1874），宝浙局鼓铸钱币的记载较少，传世有背两满文的宝浙局同治通宝小平钱。

清光绪年间（1875—1908），清朝已处于崩溃边缘，宝浙局前期曾鼓铸过光绪通宝小平钱和光绪重宝当十大钱，宝浙局光绪通宝小平钱出土传世较多，而当十大钱系样钱，极其罕见。随着西洋现代压铸技术的引进，浙江也开始以机器压铸不易伪造仿制的二文、五文、十文、二十文铜元，以及各式银元。

清《浙江通志》对光绪年间浙江机器制钱和鼓铸钱币有详细记载：

光绪十三年（1887），浙江巡抚卫荣光奏称机器制钱事属创始，必得铜六铅四，方能压胚成字，不致破裂。成钱一千、需银一两，折耗既多，成本亦重。因即筹办炉铸，按铜铅各半配搭成钱，一千需银不过八钱，两相比较，炉铸为宜奉株批着即按照炉铸分两，工本循旧鼓铸。

按据铸钱局员核计成本汇称，现在上海铜价每百斤规银十二两二钱，铅价百斤四两七钱，铜铅各一百斤共运费二钱七分二厘。铜铅对搭二百斤，除一五火耗三十斤外，铸钱一百七十斤，部章每文重一钱，每千重六斤四两，计应铸铁二十七千二百文，再加上火钱六千四百文，规平市价每两一千四百四十五

■宝浙局浙江省造光绪通宝当十，黄铜当十，当二十铜元。

■宝浙局压铸之大清铜币中心浙二文、五文、十文、二十文铜元。

文。统计铸钱一千文，所有工本以规平折合库平纹银七钱五分五厘。

《东华续录》载：二十四年（1898）十二月，令各省开铸制钱，分两以每文八分为准。

宝浙局咸丰、同治、光绪的小平制钱和其他局一样，均比前朝分量轻。

清《杭州府志》有浙江铸铜元的记载：光绪二十七年（1901）十二月，令沿江沿海各督抚筹款，仿照福建、广东两省铸造铜元，通行市肆。

浙江铸铜元源于李鸿章，清代《杭州府志》上有记载：先是大学士两广总督李鸿章见香港仙士钱盛行，奏请自铸铜元，以抵制之，是令。

清《杭州府志》又记载：二十九年（1903），浙江铜元厂开炉，昼夜赶造，每日出当十、当二十铜元五十万枚，搭放饷需，备支官款，又设立官局发兑。三十年（1904）秋，设法扩充，另就武林门内宝浙局基址，起建洋式新厂，复购新机、每日可出百余万枚之多。

三十年（1904）十月，浙江巡抚聂缉椝电奏铜元局正添机扩充，明春机器到齐后，余利自增。从明夏起，每年提六十万凑解练兵经费。

三十二年（1906）十月，限制各省铸造铜元。江苏、湖北、广东等省每月造数不得逾百万，直隶、四川两省每月不得逾六十万，其余各省每月不得逾三十万。各省之厂应统名户部造币分厂，冠以某省字样，所用铸模，户部未颁祖模之先，一律暂行暂铸。

限制浙江每月不得逾三十万枚。滥制铜元，流弊颇多。光绪三十三年（1907）七月，裁并各省铜元局厂，浙江归并福建。

光绪三十四年（1908）二月，度支部奏令各省停铸铜元，应赶铸一文新钱。

杭州老字号系列丛书·货币金融篇

FINANCE 货币金融篇

杭州老字号系列丛书·货币金融篇

◎清代宝浙局◎

◎宝浙局旧址考

南宋《咸淳临安志》之“造会纸局”条目载：“（造会纸币）在赤山之湖滨……”明嘉靖《仁和县志》载：宋时铜钱局在仁和县之平安桥，即金锡库也。这是宝浙局有具体地点的最早记载。

清《杭州府志》载：（康熙）三十五年（1696），浙江巡抚线一信奉文开浙江钱局，在杭州府治大仓桥，设督局官一员，早晚稽查工匠出入。按康熙三十八年（1699）停炉，改局为永济仓。

雍正八年（1730）正月奉旨建宝浙钱局，在仁和县義同二图地方，原系祖山寺基址，并民地十亩零。

还有具体描述：局门前牌坊一座，头门一座，炉神庙一座，库丁班房八间，堆沙泥房三间，二门一座，大堂三间，青选堂三间，左右二间作贮钱库，官住房三间。东首平披各五间，收贮铅铜等项；厨房三间，大堂东侧建投炉房

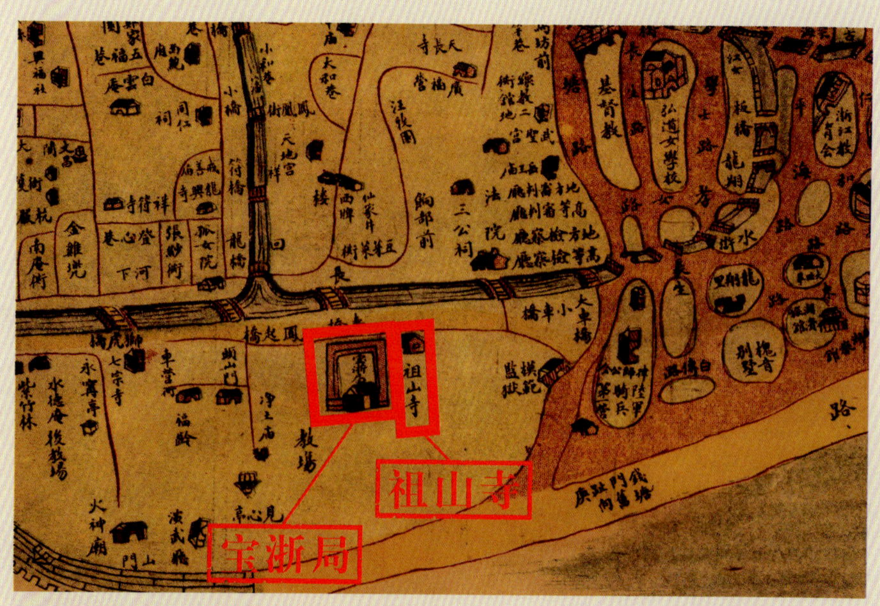

■民国三年（1914）杭州地图上的祖山寺和宝浙局。

東河新櫂歌　七

報國鐘聲不復催時平戰具疊成堆劉郎小試淮陰手雙蕩轟天放水雷

劉仲良中丞撫浙以報國寺爲製造局命淮軍試水雷於蒲場巷之雙蕩震圮居民牆屋

《东河新棹歌》之“报国寺”诗

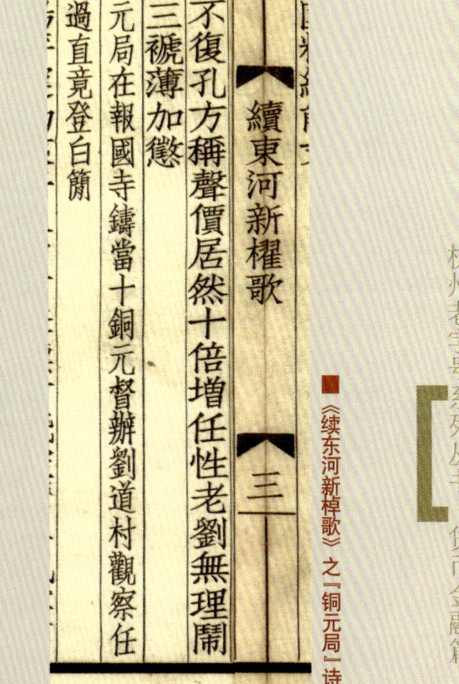
續東河新櫂歌　三

阿兄不復孔方稱聲價居然十倍增任性老劉無理鬧終朝三褫薄加懲

銅元局在報國寺鑄當十銅元督辦劉道村觀察任事過直竟登白簡

《续东河新棹歌》之“铜元局”诗

五座，编宝裕升平世五字号；大堂西侧建设炉房五座，编泉流富有年五字号。钱局之外，周围建造营房六处，以住巡查兵丁。

乾隆五年（1740）开局，堂宇库炉悉循旧唯炉房十座，改编为“帝德乾坤大，皇恩雨露深”十字号。

清宝浙局，毁于咸丰年间太平军入杭时。据记载，太平军入杭时，宝浙局一带战火激烈，宝浙局的一些工匠也参与战斗。

清《杭州府志》又载：光绪十三年（1887），浙江巡抚卫荣光奏称，原有宝浙局屋宇毁于兵燹，案卷亦并无存，骤难规复旧制，遵就省城制造军火之机器

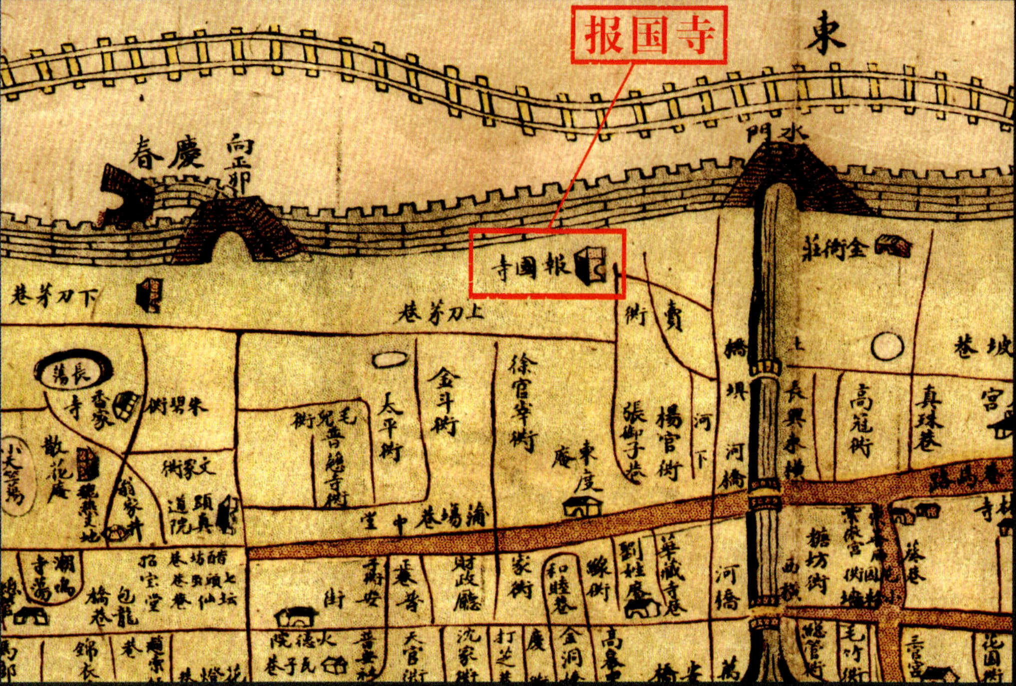

报国寺

■民国三年（1914）杭州地图上的报国寺。

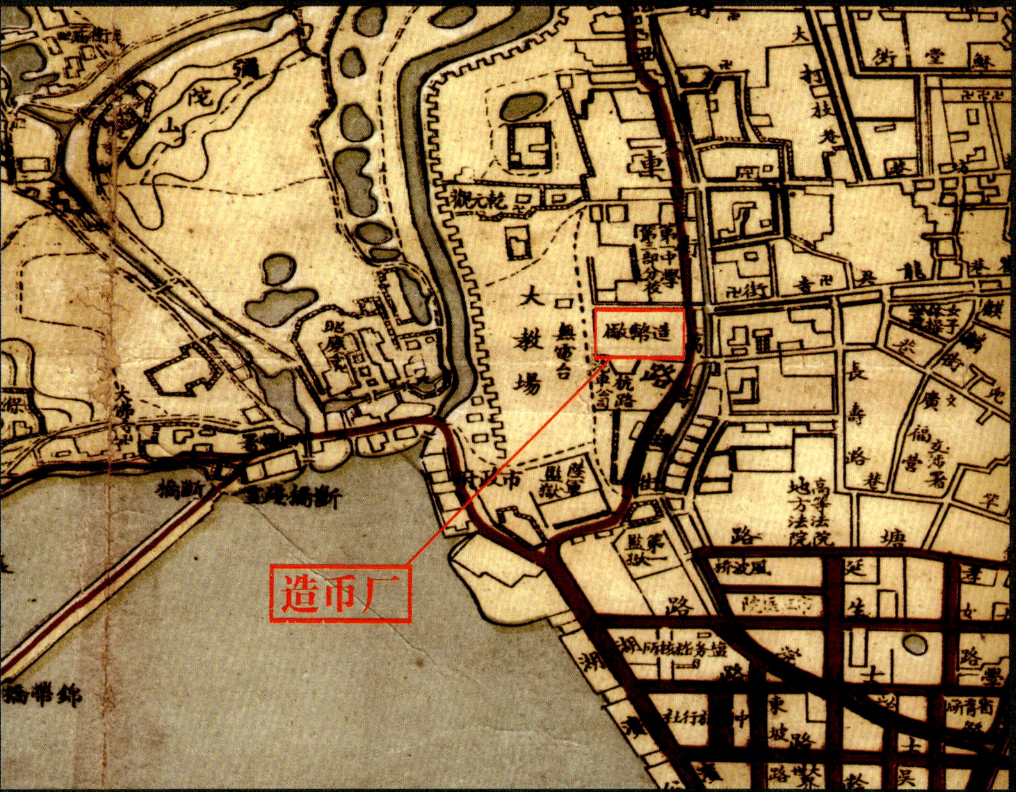

造币厂

■民国三十五年（1946）杭州地图上的（杭州）造币厂。

局，先行开工试验。

其制造军火机器局，即杭城报国寺制造局。庚申年（1920），由杭州人丁立诚谦编著《东河新棹歌》记载了世居杭州的丁立诚先生以诗歌形式记录的1900年至1920年前后二十余年来杭城所见所闻，弥足珍贵，其中有一首诗描绘了清代报国寺试验轰天水雷的情况。诗曰：

报国钟声不复催，时平战具叠成堆。

刘郎小试淮阴手，双荡轰天放水雷。

有注：刘仲良中丞抚浙，以报国寺为制造局，命淮军试水雷于蒲场巷之双荡，震圮居民墙屋。

还有一首诗是写在报国寺铸造当十铜元的，诗如下：

阿兄不复孔方称，声价居然十倍增。

任性老刘无理闹，终朝三褫薄加惩。

有注：铜元局在报国寺，铸当十铜元，督办刘道村观察任事过直，竟登白简。褫，是革除功名的意思。

丁立诚即清代对杭州有特殊贡献的文化名人丁申之子。丁丙、丁申两兄弟曾编撰《武林掌故丛编》二十六卷计九十六期。太平军入杭，《四库全书》散失，丁氏兄弟痛惜之余，四处搜寻，到1869年共搜得《四库全书》八千九百册计四十万余卷之匹。

杭城民众对机制铜元与制钱大小重量相似却以一当十的情况，十分不满。

历代在杭州有明确记载的宝浙局有六处：南宋选会纸局在赤山湖滨，宋时宝浙局在仁和县之平安桥，元明延续，清顺治不详；清康熙在杭州府治大仓桥，雍正、乾隆、嘉庆、道光、咸丰初年，在祖山寺旧址，后毁于太平军入杭；光绪十三年（1887），一度在报国寺军火机器局铸造铜元；光绪二十五年（1899），又在祖山寺杭州报国寺前空地建造局厂；光绪二十九年

（1903），又在宝浙局旧址建造洋房，建造造币厂，其厂址应是杭州铜元路、西大街一带，即今杭十四中对面、都锦生丝织厂内；至民国时期则为杭州造币厂旧址。

◎官 役

开铸、官役、收铜、搭放，禁令，是清代官铸钱币的几处关键，《杭州府志》均有详细记载。所谓官役，即造币厂对官员及工匠的设置。

清《杭州府志》载：

顺治二年（1645），浙江布政司所属衙门设宝源局大使、副大使各一员，后裁。

雍正八年（1730），宝浙局委监鼓铸官一员，协理鼓铸官一员，协办官一员，库官一员。把守局门外委把总一员，巡查清兵二十四名。局书二名，钱局库子十六名，每炉设炉头一名，匠头一名，上炉匠一名，倒火匠一名，翻沙匠六名，刮沙匠三名，刷灰匠二名，拣钱匠二名，杖钱匠三名，滚钱匠二名，磨钱匠十名，敲铜匠一名，煤烧匠一名，踏糙匠一名，拣选匠四名，穿数匠四名，省眼匠一名，淘沙匠二名，杂用小工四名。

乾隆五年（1740），设局官二员于府，佐丞卒及运同运判内遴委。后裁汰一名，设库官一员，于县佐杂内遴委。书吏兵丁工匠均同雍正八年，唯增扇风匠一名。磨钱匠十名改为六名。

可谓是工序清晰，分工细致，职责明确。

◎收　铜

宝浙局鼓铸所需之铜，铅锡一是依法本省自采，二是奉旨赴滇或海外购买。清《杭州府志》也有记载：

康熙十四年（1675），议准各省产铜及黑白铅处，所有民具呈愿采，该督抚选委能员监督采取。十八年（1679）复准各省采铜铅处法令。

浙江仅富阳可采铜、白铅，余杭采铜。

浙江铜、铅、锡自采，远不能满足宝浙局之需要，大量的铜、铅是从云南购入的，清《杭州府志》载：

乾隆四年（1739）十二月，浙江巡抚卢焯以钱文日贵奏请动支司库银十万两，委员赴滇采买运浙鼓铸。明年正月十二日奉上谕着一面即行办理，一面奏闻。

五年（1740）四月，闽浙总督德沛会同巡抚卢焯遵旨动支库银十万两赴滇买运，随将雍正九年（1731）添办京局额外红铜未解者二十五万斤，截留浙省先行鼓铸。

浙江护理巡抚张若震称，五年六月在截留京铜之先，曾先收买商办日本洋铜用以鼓铸。

下图是一组20世纪30年代拍摄的云南锡矿老照片，光秃的锡山，衣衫褴褛的矿工，可以想见百年前浙江赴滇收购铜锡之一斑。

■上图　锡矿洗练；■下左　锡矿仅十三四岁的少年坑夫；■下右　拉碎矿机的水牛。

■锡矿犀槽式洗矿

■云南昆明湖西山，清代浙江赴滇采办铜锡官员都要到此。

■锡都箇旧市街。

■箇旧露天锡矿。

◎采买滇铜价值

大兴厂铜每百斤，外加耗铜四斤六两三钱七分三厘四毫，余铜一斤。每正铜百斤，价银一十一两。又金钗厂铜每百斤外加耗铜二十三斤，余铜一斤。每正铜百斤价银九两。

◎运铜脚费

运大兴厂铜自竹园地至剥隘计程十六站，运脚银二两六分七厘二毫。每百斤给运脚银一钱二分九厘二毫。运金钗厂铜自蒙自县运剥隘计程十七站，运脚银二两一钱九分六厘四毫。自剥隘运至百色计程二站，水脚银八分。每百斤四

■长江宜昌峡

■近代武汉海关大楼。

■武汉大智门火车站。

分。自百色运至汉口，给水脚银四钱三分九厘一毫。自汉口运至浙江省城，每百斤给水脚银三钱五厘。又沿途杂费，每百斤给银二钱八分七厘。委员每日饭食银一钱，跟役每名饭食六分。

■武汉第一特别区之俄租界。

■武汉中山马路是武汉最繁华的区域。

■武汉日租界。

■武汉法租界。

■武汉江滨，上可溯至重庆，下流可达九江、安庆、上海

◎采买洋铜价值

商人自本洋铜每百斤给价银一十七两五钱。按官办洋铜预领币金，每百斤价银一十四两五钱。

◎采买黑白铅价值

采买汉口官局白铅每百斤价银三两六钱五分六厘，黑铅每百斤价银四两。如采买商贩黑铅，每百斤价银五两五钱。按铅斤产于贵州、湖南、广西三省，各运于汉口，以供采买。

◎运铅脚费

采买汉口铅斤，每百斤给水脚杂费饭食银三钱二分七厘。

◎采买点铜脚价

采买省城点铜，每百斤给价银一十五两，运至钱局每百斤脚银一分。

苏浙两省商人办回洋铜，苏浙抽买五分。江西委员赍带脚价前赴苏省，抽买分，运回鼓铸，其余四分听所商人自行售买。

■颁布铸币禁令的康熙皇帝画像

◎抽买商人铜数

（宝浙局）洋镇二铜每年约共可得五十万斤，加以对配黑白二铅共得一百万所，每缺小，则于鼓铸有济。

光绪年间，浙江因赴滇购运艰难，转向以上海购洋铜为主。清《杭州府志》载：

光绪十三年浙江巡抚卫荣光遵旨鼓铸制钱，以滇省产铜不旺，购运维艰，奏准派员赴沪向番船购办，缓照湖北铜铅免税成案，请免关税。

◎搭　放

所谓搭放，是清代铜钱局之术语，指奏请朝廷恩准后，铸成新钱币后直接用以发放兵饷、工食，以及征收钱粮、驿站官役俸工发放等项，也就是今天的银行发行钞票，可直接用于发放公务员工资等国家预算拨款。清《杭州府志》

■杭州出土的康熙通宝剪边钱

对之也有专门的一些记载。

清《会典事例》载：

顺治十三年（1656），题准铸钱，搭放兵饷工食，令州县扣算，刊入由单，填注收簿。

十四年（1657），题准征收钱粮七钱三，银尽起解，留钱充用。

康熙七年（1668），复准存留驿站官役棒工杂支等项，俱照银七钱三例收放制钱，该督抚查明所属征收底簿磨对，年终将放收数目造册报部，如奉行不力，指名题参。

十年（1671），令直省存留钱粮照数收钱，上下通行，方无雍滞，有不收制钱者，以违制论。

雍正五年（1727），宝浙局铸出钱文，九一搭放兵饷府县俸工及鼓铸工料等项。

乾隆六年（1741），浙省按一成之数，搭放通省满汉旗绿黄兵饷。及存留各款仍照定价，每库平纹银一两，给足钱八百五十文，应给兵饷，存留银内，扣还钱本。

按：此系总督德沛于五年（1740）分奏准，每年需钱九万九千五百六十五串八十七文。

八年（1743），户部钦奉

上谕行文鼓铸，各省搭放饷银照江南之例，每银一两给钱一千，其钱局公费，运脚准动公项报销。不敷成本，照例准其销算。

按：前此江南每银一两，铸出钱八百九十六文，搭放时截留十六文，充作钱局公费。

官铸制钱与银两间有差价，每年宝浙局在搭放兵饷余有钱文，奏准后还设厂售买，清《杭州府志》也有记载：

浙局搭放兵饷之外，余有钱文，每于岁终，奏动三四万串，在省会设厂售卖于民。视市价酌减些须，零星兑换以免年终昂贵。

◎禁　令

清朝对前代旧钱通行、官炉鼓铸、失察官员、处分毁化制钱和铸造私钱等有一系列禁令和法规。清《杭州府志》多有记载。

清《会典事例》载：

顺治四年（1647），令各省不许私铸伪钱及前代旧钱通行严禁。

十年（1653）题准，官炉夹带私铸，照枉法计赃坐罪。

十八年（1661）议准，私铸为首及匠人处斩，家产入官；总甲十家长知情者，俱处斩，家产入官；不知者，枷号一个月，责四十板，徒一年；为从及知情买使者，立行处绞。告捕者照例给赏。该管地方官知情任其私铸者，照为首例；不知失察者，降三级调用；如经纪铺户贩卖搀和私钱者，枷号一个月，责四十枚，流徒尚阳，堡内各官各按职掌照新例处分。

康熙三年（1664）题准，失察私铸该知县官并吏目典史卫所官各降三级调用，知府、直隶、知州、捕盗厅官各降一级调用；司道都司各罚俸一年；督抚罚俸六个月；运司，照司道例，分司照知府例，大使照典史例议处。

■清末戴枷板的犯人，凡触犯私铸，剪边钱币禁令者，要遭此酷刑。

康熙四年（1668）题准，搀和私钱十文以上照例治罪，九文以下枷责。又题准，私铸人邻右，无论知情不知情枷号一个月，责四十板，徙一年。

十二年（1673）复准，销毁制钱者，犯人与失察官员俱照私铸例治罪。

雍正三年（1725）五月刑部遵议，各省如有毁化制钱者，仍照康熙年间例治罪。其该地方官若徇情者与本犯同罪；不知情者，亦照私铸枷号一个月，杖一百，徙三年，载入定例。

四年（1726）二月，刑部通行各省严谕，经纪铺户人等嗣后私铸不许搀和。一文收买者，每钱一贯，量给官钱半价，贮库报部。

六年（1728）旨行文各省，每银一两所换制钱，不得过于千文以外，以免物价亏损，奸弊滋生，违者治罪。

兑换和使用私铸和剪边钱有详尽法规。

清《治浙成规》载：

乾隆二十一年（1756），藩臬两司会详情，将收买私铸，剪边定例。定例收买私铸搀用，发往云贵川广烟瘴少轻地方；收买剪边搀买至十千以上者，照例发遣，不及十千者枷责发落。

（并将剪边定例）刊刻告示，遍贴通衢市镇及各钱铺。先令钱铺具结存案，又通谕钱铺民间所存私铸剪边，许以三文折算制钱一文；令地方官设柜收交，解局改铸。以文到半年为限，过限隐匿即拿获治罪，钱追入官。限内交易，令民随时挑选，不许行使一文。倘限外有外省客商来贸易者，钱内搀搭，即令赴县换交，按月详报。交换多少，分别记功记过。如有纵容行使及扰累铺民者，立即揭参。书役地保，无赖棍徒，藉端又扰累，即行拿究。

清《杭州府志》有载：

三十四年（1769）六月，令各省照小钱分量折中定价，按数收买，在省城即投局炉熔化。各州县署亦令设炉倾销，吏胥炉匠倘有隐匿，该管官即当究治。通同徇隐者，督抚即行参处。其私铸私剪及窝顿贩卖之人，仍加紧访拿治罪。

对不法官吏违例扰民也有记载，清《治浙成规》有记载：

三十八年（1773），布政使以署萧山县萧超群违例扰民。先已奏定每交小钱一斤，给大钱一百文。萧超群亲入典铺搜出小钱数百文，又于民收租米钱内，剔出古钱数十文，拘讯店伙，详革监生。复于农忙时勒拘佃户，审讯古钱来历，详奉，札饬撤任，恐小民累累不前，转致存留迟换，详情通饬，善为晓谕，毋许假公济私，滋扰闾阎。

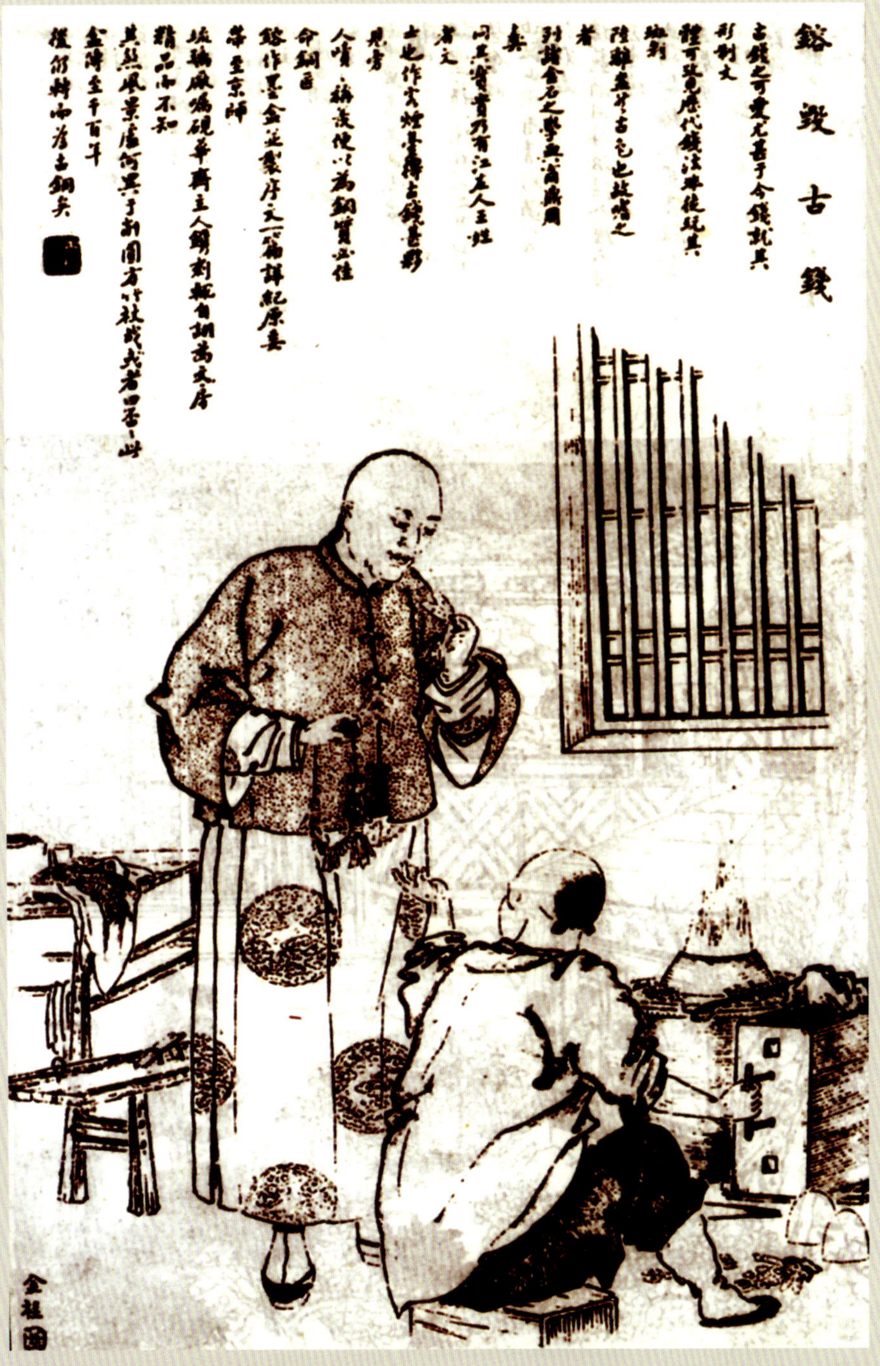

鎔毀古錢

■熔毁古钱，描绘了晚清熔毁古钱造私钱轶事。

杭州老字号系列丛书·货币金融篇

FINANCE 货币金融篇

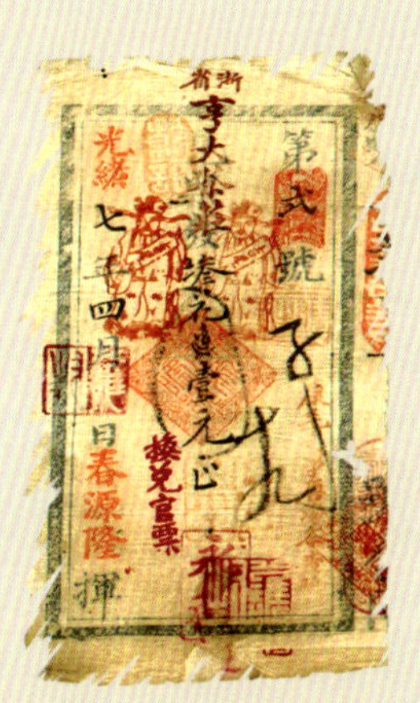

◎清代杭州的银元铸造及纸币印刷◎

◎杭州的银元制造

清《杭州府志》载：光绪二十五年（1899），浙江仿照粤鄂银圆章程，择省城报国寺前空地，建造局厂，订购德国机器，延雇洋匠，分别指授，共铸大小铅（应为银字）元五种，面铸“浙江省造”字样，未几停罢。

对浙江造银元，未几停罢，《杭州府志》还有一段追述：

先是户部总理各国事务衙门奏令，沿江沿海各省仿铸，至是浙抚廖寿丰奏办，旋由户部财政处奏银币一项，专由天津银钱总厂铸造，仍留南北洋粤鄂四局，其余停罢。

清《杭州府志》又载：浙江银圆局停办后机器解往京师，机器师调往金陵。

《海关贸易册》也有记载：按浙江向用墨西哥银元，旋参用粤鄂龙元开局自铸，为时甚暂，行诸市肆者仅七分二厘，一钱四分四厘之小银圆而已，均铸有“光绪元宝”字样。

■浙江省造库平一钱四分四厘、七分二厘小银元和民国十三年（1924）小镍币（上）
■浙江铸造的七钱二分光绪元宝银元（下）。

从以上的史料记载看，浙江省银元局于光绪二十五年（1899），曾铸有五种面值的银币，传世留存较多的是一钱四分四厘和七分二厘两种小银币，其他还有三分六厘的小银币，三钱六分和七钱二分的大银元，因浙江省银元局铸造银元历史极短暂，而两种大银元均为试铸，存世极稀，弥足珍贵，每枚市价都在几万元、十几万元上下。

◎清末杭州大量通用龙元

浙江省虽未大量铸造银元，但毕竟银元比银两使用方便，清末杭州市上大量流通的是龙元。

清《杭州府志》还记载有通用龙元的议案：

宣统元年（1909）十一月，浙江巡抚增韫公布谘议局通用龙圆议案。议案中，第一条请饬各州县局卡，钱粮厘税一律通用龙元，全省官俸局所薪水亦用龙元发给。第二条请通饬各商令晓谕，商民一体通用，所有市上银元价牌以龙元为准。

又公布谘议局议定浙省厘捐收用龙元折中定价案：

一、请饬厘饷局通行各厘捐局卡自十一月初一日起，每龙元一元作钱一千一百文，小银元一角作钱一百文。纳捐不满一元者，得以小龙元完纳；不满一

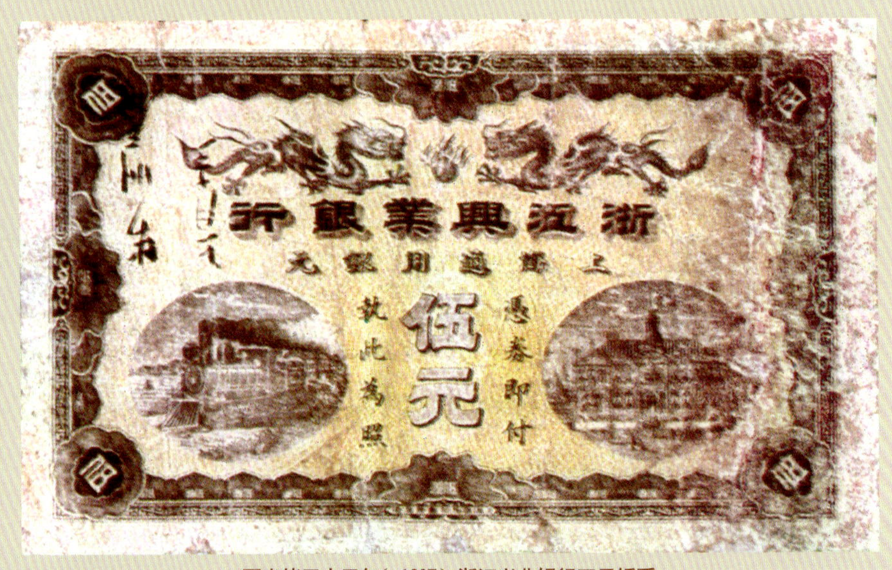

■光绪三十三年（1907）浙江兴业银行五元纸币。

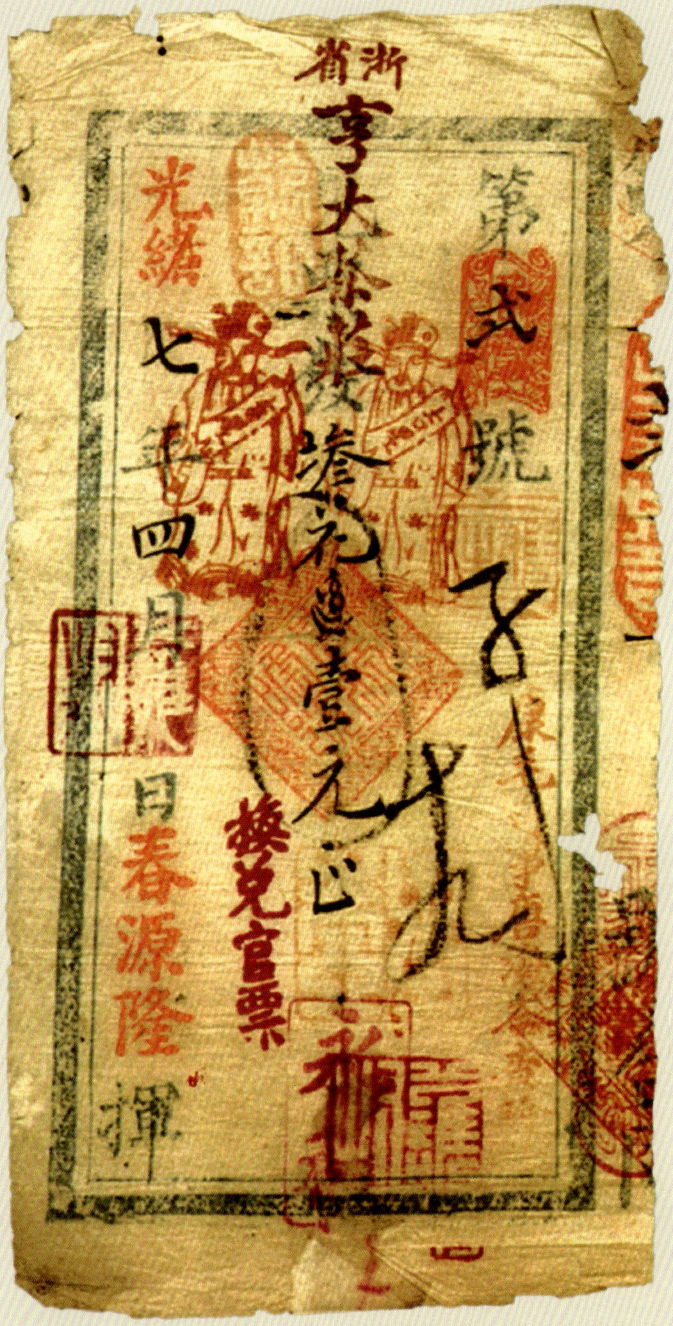

■光绪七年（1881）春源隆钱庄为浙省亨大茶庄开具的钱庄票。

角者，得以铜元及制钱完纳；二、捐票须填载物品量数及捐则，并注明收龙元或小龙元，铜元、制钱各若干；三、此次通饬后，一年内不得增减龙元，价值应俟明年谘议局常会查明市价，析中定议。以上办法各局卡于奉饬后，一律悬挂门前，违者准商民指控。

◎清末浙江兴业银行发行纸币

清《杭州府志》载：光绪三十二年（1906）三月，杭州集合商股开设兴业银行，发行一元、五元、十元三种（纸币）。

未几，大清分行浙江银行先后设立，皆发行前项纸币三种。

按：中国创办银行，自光绪二十二年（1896），令京卿盛宣怀就上海设立中国银行始。并以精纸用机器印造钞票，时风气犹未甚开。阅十年，户部始奏称银行业经开办，清派员前往日本考察纸币印刷事宜。光绪三十三年（1907），始分建造纸印刷局厂于京北清河地方。造印钞票时，杭州兴业银行纸币先已通行矣。

■浙江兴业银行，旧址位于杭州市上城区中山中路261号。光绪三十三年（1907），呈准设立浙江兴业银行。由号称“蒋半城”的蒋抑卮以董事职掌实权。

杭州老字号系列丛书·货币金融篇

FINANCE 货币金融篇

杭州老字号系列丛书·货币金融篇

◎民国杭州造币厂◎

民国二十二年（1933）的《杭州市经济调查》之“金融篇”，专门有一节介绍杭州造币厂，使我们知道民国时杭州造币的一些历史。

◎杭州造币厂简史

该厂隶属于财政部，成立于清光绪三十二年（1906），初名铜元分局，中经停废。至民国八年（1919），改铸银元，更名为杭州造币厂。厂址在西大街（即今凤起路杭十四中对面，都锦生丝织厂一带）。

《杭州文史丛编》载，民国八年（1919），上海造币厂尚在筹建，全国仅南京、杭州两家厂铸币，在1922年至1933年的10年中，杭州造币厂所铸孙中山头像新币共达6亿多元之巨，占全国总数的35%，为全国第一。杭州造币厂更名伊始相当长的一段时间，会办和厂长就是后来筹办大清银行杭州分行的经理、杭州总商会长金润泉。该厂铸造的孙币，成色为89.15%，制作精良。在造币的过程中，销毁旧币杂洋496万元，以铸孙币，取代外国银元，成为民国时期最主要的流通货币。为了铸造银币，须购入生银大条（每条1000盎司，28.3945公斤），所需资金极大，长期由沪杭中交两行垫借，由造币厂兼厂长金润泉具名，代表造币厂向中国银行借款，而又由行长金润泉批准。

铸本由银行临时垫付，至结束时归还，并无定额。民国十七年（1928）时厂长为周佩箴，内部职员共计113人，月薪最高者为400元，最低者为40元，全年薪金达145620元。铸币工人共有368人，工资每人每月计自6元至34元不等，年计工资总额共47580元。

杭州造币厂历任厂长、会办：

民国九年（1920）厂长张柴恒。

民国十年（1921）厂长沈葆镕。

民国十三年（1924）厂长俞长蔚。

民国十五年（1926）厂长吴宪奎，会办金润泉。

民国十六年（1927），厂长金润泉，会办沈维桢。

民国十七年（1928），厂长沈维桢。

民国十七年（1928）六月至民国二十一年（1932），厂长周佩箴，会办沈维桢、许宝驹。周佩箴是一位资深银行家，1916年孙中山第三次莅杭时，其为随员，任杭州造币厂厂长前，为中央银行行长。

1928年《时事画报》刊登之杭州造币厂厂长周佩箴旧影。

■1933年《良友》画报刊登的中央造币印刷纸币的机器（两幅）

■财政部杭州造币厂银质证章，孙中山侧面图，为民国二十二年(1933)、二十三年(1934)孙币图案。

◎杭州造币厂的设备

该厂基地面积计三十余亩，厂房约值四万元。内部机械装置，有双心大小锅炉各两座，辗片撞光及单气缸引擎各一座，共计五百九十二马力。又辗片滚机十二座，舂饼机六座，印花机十四座，光边机、剪片机、锯床、刨床、磨床、平钻机、光头床，车身床及车模床各四座，均系英、美、德诸国进出口，共计总值四万元。

■杭州造币厂外出通行证章

◎杭州造币厂之造币及停铸

杭州造币厂的每日工作时间并无定规，大致以每日铸就八万元银币后始停工。但遇工作繁忙及效率增速时，日铸币最多为四十万元。每年开工时期，视银行之委铸而定。计民国二十年（1931）开工十个月，前数年则各约八个月。

1933年时，该厂因受时局之影响，当时记载：且因洋厘惨跌，市面现洋丰裕，委铸不多，加之内部开支浩繁，财政部已令饬结束。唯厂内员工，以服务时久，历史深远，且籍隶外省者多，一旦离散，生计难以维持，故恳呈财政部免于遣散，自愿留职停薪。在此期内，另谋生活，一朝开铸，重行召集，后闻财政部已电令照准矣。

1933年，正是1932年“一·二八”淞沪抗战后，时局动荡。没过几年，1937年“七七”卢沟桥事变爆发，所以估计杭州造币厂正式停铸在抗战前的1935年前后。

◎杭州造币厂造币统计

民国十一年（1922）前杭州造币厂资料散佚，无从稽考。根据立法院统计月报和杭州造币厂一些资料，对1922年至1931年杭州造币厂铸币统计如下：

年　份	铸造银元数	铸造一角辅币数	销毁旧币元数
1922年	38 957 408		
1923年	60 588 153		366 400
1924年	7 385 424	3 136 659	371 000
1925年	77 816 500	1 328 500	490 629
1926年	29 677 000		202 700
1927年	56 124 523		732 600
1928年	73 159 621		568 300
1929年	83 996 815		750 750
1930年	78 735 800		553 275
1931年	94 539 500		946 100

■杭州造币厂厂长周佩箴一家。

轧币机

洗银机

造币机

车边机

杭州老字号系列丛书·货币金融篇

FINANCE 货币金融篇

◎晚清民国浙江纸币◎

浙江作为市场大省，晚清民国时官、商银行曾发行过许多纸币，1995年杭州市钱币学会曾编著出版《浙江纸币》一书，此书中对浙江纸币都有详述，但憾于大多数为黑白图片，不能窥见全貌。另浙东解放区曾发行过多种金库券，钱币学会有专门的《浙东抗币》著作。故本书对浙江纸币不详细展开，择其要者，以彩图展示一二。

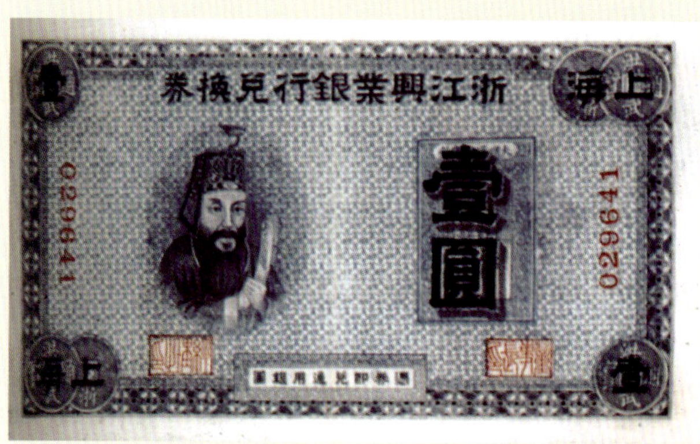

■清宣统元年（1909）浙江兴业银行兑换券壹元、伍元、十元。

■民国十二年（1923）浙江兴业银行壹元、伍元、拾元纸币。

■民国二十一年（1932）浙江地方银行壹元、伍元、拾元纸币。

◎浙江兴业银行纸币

浙江兴业银行的前身为铁路银行。光绪三十一年（1905），浙江人民在与外商争夺铁路权的斗争中，由绅商汤寿潜等发起创办浙江铁路公司，自办沪杭甬铁路。次年十月，浙江铁路公司附设铁路银行。光绪三十三年（1907）五月，呈准设立浙江兴业银行。同年十月，银行股东会决定与铁路公司分开，于十月十五日正式开业。次年，在汉口、上海设立分行。

浙江兴业银行先后发行纸币四套，分别为光绪三十三年（1907）的以火车和行屋为图案的伍元、拾元币，光绪三十四年（1908）铜元壹百枚，宣统元年（1909）以王阳明、管仲、齐太公像为图案的壹元、伍元、拾元币，民国十二年（1923）以王阳明、管仲、齐太公像为图案的壹元、伍元、拾元币。

◎浙江银行纸币

光绪三十四年（1908）四月，浙江成立官钱局，曾发行直式双龙戏珠壹元银元券纸币。宣统元年（1909）五月，浙江官银局改组为浙江银行，官股库平银30万两，商股24.2万两，总行设在杭州，在上海设分行。发行有五元纸币，以行屋和鼓楼入画。民国元年（1912），发行有行屋和鼓楼图1元、5元纸币。民国二年（1913）六月又发行1元、5元、10元纸币，以上纸币都非常珍罕。民国四年（1915），浙江银行官商分家，官股为浙江地方银行，总行在杭州。商股为浙江实业银行，总行在上海。浙江实业银行未发行过纸币。浙江地方银行先后发行过五种纸币:民国二十一年（1932）发行有1角、2角、1元、5元、10元五种纸币；民国二十五年（1936）发行有1角、2角、5角三种纸币。其中1分、2分为50mm×25mm，5分为54mm×27mm，是民国时期面幅最小的纸币；民国二十八年（1939）发行有1分、2分、5分直式及1元四种纸币；民国二十九年（1940）发行有1分、2分、5分横式三种纸币；民国三十年（1941）发行有1元纸币。浙江地方银行发行的纸币以六和塔、保俶塔、雷峰塔、中山公园、放鹤亭等杭州和西湖风景入画，浙人观之非常亲切。

■民国二十五年（1936）浙江地方银行壹角、贰角、伍角纸币

■民国二十九年（1940）浙江地方银行壹分、贰分、伍分纸币

■民国二十八年（1939）浙江地方银行壹分、贰分、伍分直式纸币。

■民国二十八年（1939）浙江地方银行壹元纸币。

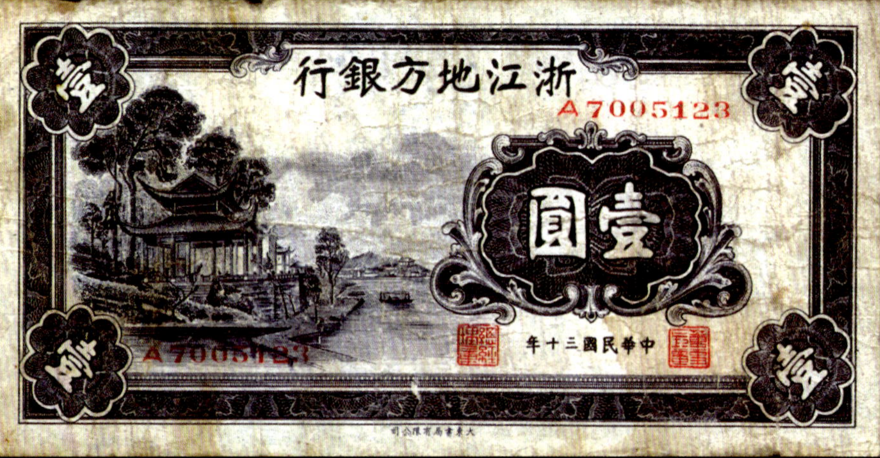

民国三十年（1941）浙江地方银行壹元纸币。

■1949年浙江省银行壹角、贰角、伍角纸币。

◎浙江省银行银元券

民国三十六年（1947）浙江地方银行改组为浙江省银行。杭州解放前夕，该行又迁至舟山，并于1949年10月和1950年在定海、沈家门等地发行了壹角、贰角、伍角、壹元、伍元五种面额纸币。票券均由中央印刷厂台北厂印制。1950年5月舟山等地解放，此类银元券即停止流通。

■1949年浙江省银元壹元银元券

■1950年浙江省银行伍元银元券。

中華民國

浙軍政府愛國公債券

浙軍都督湯

財政部長高

壹元

年息柒釐

中華民國元年

黃帝紀元四千六百〇九年陸月叁拾日發行

東字第柒千零拾陸號

浙軍政府發行愛國公債簡章

一本公債定名為浙江愛國公債由浙軍政府擔負償還責任以兩浙鹽課暨釐金收入作抵

一本公債發行總額為五百萬元

一本公債額面分為一元十元百元三種

一本公債償還期限定為一年自第二年起至第五年止四年之內由軍政府斟酌情形用抽籤法分為數次償還但償還時準於六個月以前登報佈告

一本公債年息七釐自付款之日起每滿一年付息一次即由本軍政府經理處付息在付息時均交用國幣

一本公債發行價格為百分之九十五如額面百元者以九十五元發行之餘可類推

一凡購此項公債券者其銀元須一次交清

一凡持有本公債票於此項公債償還期內準其抵納

一此項公債券概用無記名式不論何人均可執

一此項公債券須由浙軍都督暨財政部長簽名蓋章方始發行

一此項公債券得由軍政府財政部委托各商會及殷實商號或銀行為發行所

一本公債條例自發布之日起即有施行效力

黃帝紀元四千六百〇九年十月吉日發布

第一年利息柒分	第二年利息柒分	第三年利息柒分	第四年利息柒分	第五年利息柒分

■民国元年（1912）浙江军政府爱国公债券壹元

◎**浙江军用票**

1911年11月4日，辛亥革命杭州光复。12月6日，浙江军政府通告发行军用票，面额为一元、五元两种。民国三年（1914）4月23日，浙江军政府财政局发布告示，军用票于5月11日起如期兑现。辛亥革命时期浙江的军用票对浙军攻克南京、筹备军饷起到积极作用。在第一次军用票兑现的同时，又发行了第二次一元军用券。

民国五年（1916）五、六月间浙江省财政局经都督吕公望批准发行一元、五元、十元三种军用票，现仅存的伍元券其图案即为浙江都督吕公望头像，而该套军用票因省议会未通过而停止发行。

晚清民国时期浙江还发行过浙江金库兑换券，浙江田赋抵纳券，以及中国银行、交通银行、豫鄂皖赣四省农民银行等银行加盖“浙江”、“杭州”在浙江流通的纸币。

■民国五年（1916）浙江军用票五元券

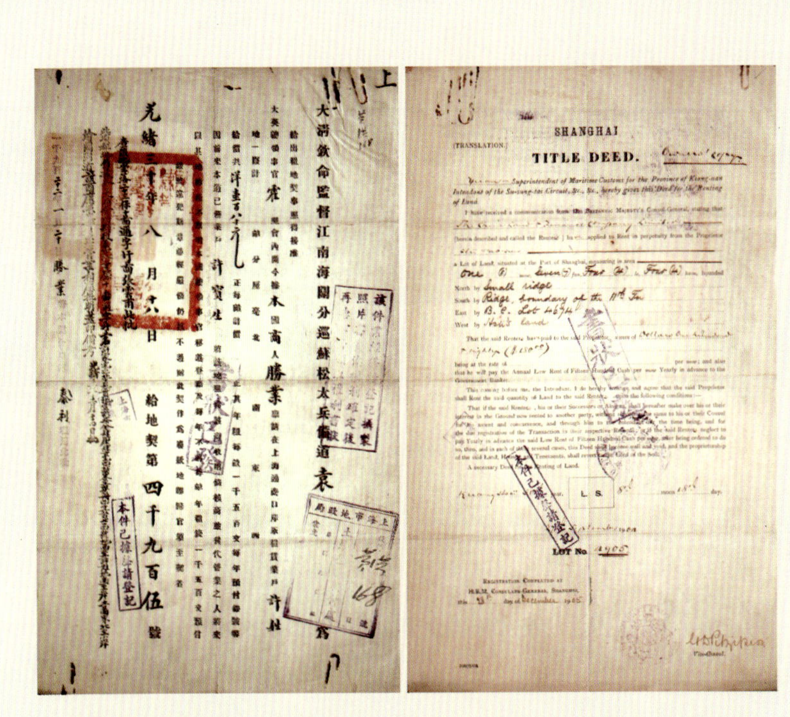
大清欽命監督江南海關分巡蘇松太兵備道袁
SHANGHAI
TITLE DEED.

■四明银行光绪三十年《大清钦命监督江南海关分巡苏松太兵备道租地官契》

◎四明银行银币

四明银行成立于光绪三十四年（1908）八月十六日，是我国创办较早的民族资本大银行之一，由宁波邦人士袁鎏、陈薰、周晋镳、虞洽卿、李云书、孙衡甫等人发起创立。行名取旧宁波府别称。初设总行于上海宁波路，在武汉、宁波、杭州、温州设有分行。

四明银行由清政府度支部批准于宣统元年（1909）开始发行壹元、贰元、伍元、拾元纸币，1935年11月4日实行法币政策后停止营业。至民国二十三年（1934）止，共发行纸币21种，多以四明山和行屋入画。

上图是笔者所藏光绪三十年（1904）大清钦命监督江南海关分巡苏松太兵备道颁给四明银行的租地官契正反面，是上海四明银行筹建的实物，弥足珍贵。

■宣统元年（1909）上海四明银行壹元、贰元、伍元纸币。

■1949年四明银行西安支行定期存券。

■民国九年（1920）四明银行伍元券。

■民国二十三年（1934）四明银行拾元券。

杭州老字号系列丛书·货币金融篇

FINANCE 货币金融篇

◎民国浙江证券◎

◎杭州的证券业

浙江作为市场大省，有着其深厚的历史文化渊源，光绪三十三年（1907）杭州商家集资兴办的兴业银行发行兴业银行纸币，早于大清银行，则是一例。综观民国浙江金融史，除了浙江地方银行、四明银行发行过诸多纸币外，浙江还采取发行各种债券、股票，吸纳民间资本。浙江的股票、债券门类多，涉及范围广，修筑海塘，筹办公路，自来水，电灯，甚至丈量土地，兴办西湖博览会，都发行过债券，许多在全国均属首创。这些往日并不为银行金融界、民间收藏界注目的各色各样、五彩缤纷的债券、股票已经成为百年浙江经济发展的见证。这一章披露的是笔者所藏的浙江老债券、股票。

民国时杭城已有证券营业，有专营和兼营之分。专营者专做期货营业，顾客向证券号先填一委托书，每万元交保证金600元，证券存于上海交易所，概以二月为期，顾客可随时买卖结算账目，亏则在证金内扣除，盈则一并发还此项盈余款项。交易以国家公债为多。1931年末有元申、信义昌等证券商。信义昌为1931年创办，系上海之分公司，受1932年“一·二八”事变影响，亏蚀50万元，濒临倒闭。元丰为上海元亨经理处，虽受重大打击，尚能维持。元丰创办于1930年，经理杨宝茂，资本一万元，职员二人，学徒一人。账簿系新式簿记，1932年营业总额达5000余万元。兼营者，系现货为主，多为钱业中之钱铺。证券多为本省公债，现金交货，日后出售，彼此各无关系。1933年杭城有鸿源、致丰、惠通、同盛几家，最早成立于1921年，最迟为1931年，营业不及期货的百分之一二。

浙江省地方公债，始于清末民初之爱国公债，至1933年进入交易的有13种，票面额达四千八百六十万元。除已偿还清外，尚负票面额为三千万元之巨。

1932年调查，杭州市交易的国家公债有整理公债，七年长期，九六公债，裁兵公债，善后公债，金融长期，民国二十年盐税，民国二十年统税，民国十九年卷烟，民国二十年卷烟，编遣库券，民国十八年关税，民国十九年关税，民国二十年关税，民国十九年善后库券等。

1933年杭州交易的省内公债有浙江爱国公债（宣统三年十月），浙江财政厅定期借款（民国十年九月），浙江财政第二次定期借款（民国十二年四月），浙江省财政厅第三次定期借款（民国十三年一月），浙江省财政厅第四次定期借款

（民国十三年七月），浙江善后公债（民国十四年一月），浙江整理旧欠（民国十五年五月），浙江省偿还旧欠公债（民国十七年二月），浙江省公路公债（民国十七年五月），浙江省建设公债（民国十八年十月），浙江省赈灾公债（民国十九年六月），浙江省清理旧欠公债（民国二十年七月），浙江省杭州市自来水公债（民国十九年七月）等。

1937年日本《支那事变画报》所载，图中有“好运道券行”。

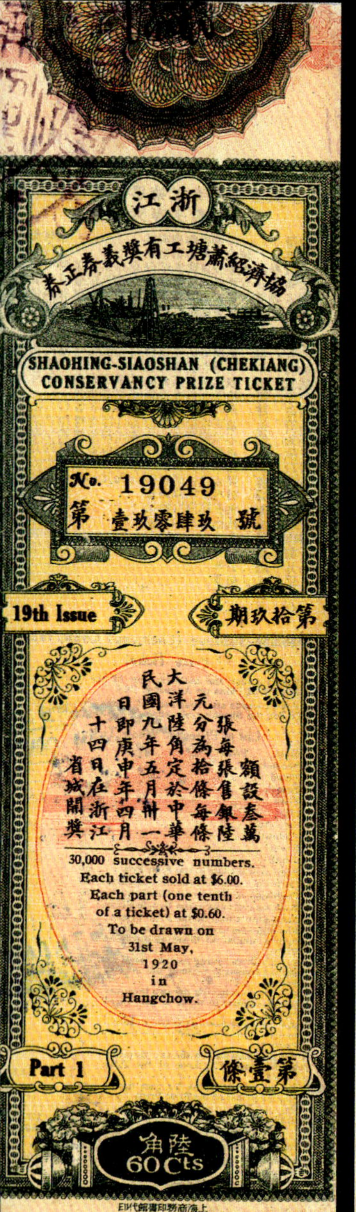

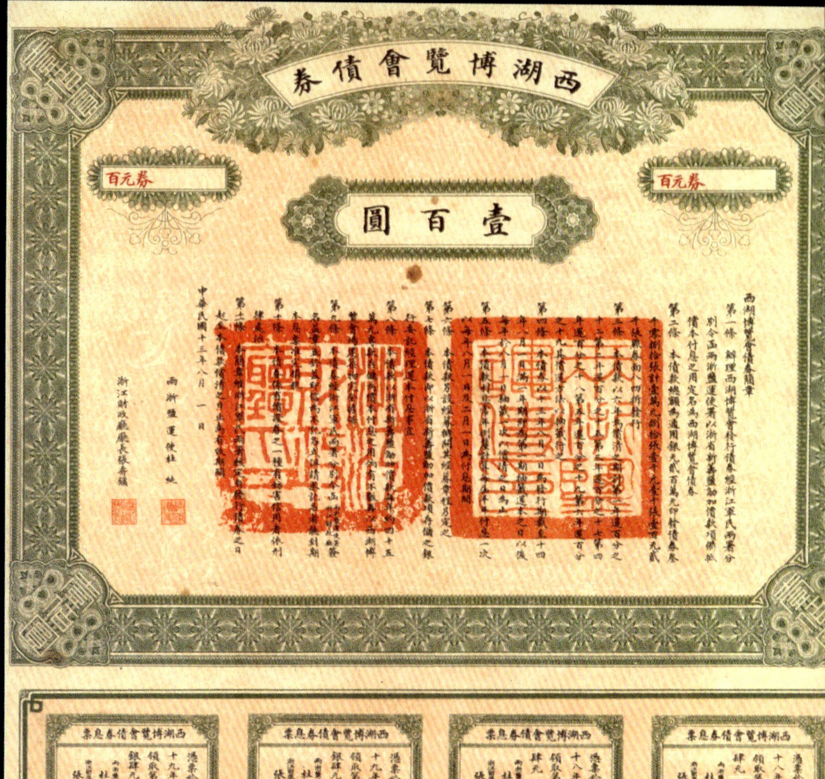

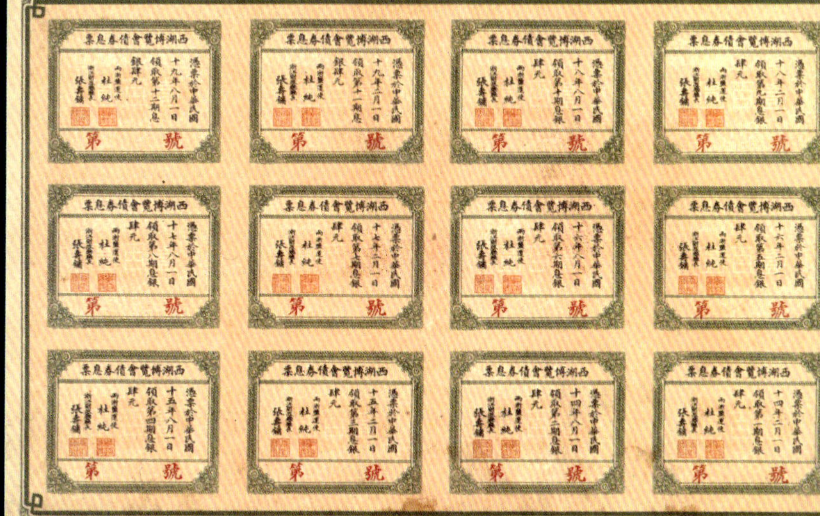

■中华民国九年（1920）浙江协济萧绍塘工有奖义券。

■中华民国十三年（1924）西湖博览会债券壹百元。

■中华民国八年（1919）浙江协济萧绍塘工有奖义券。

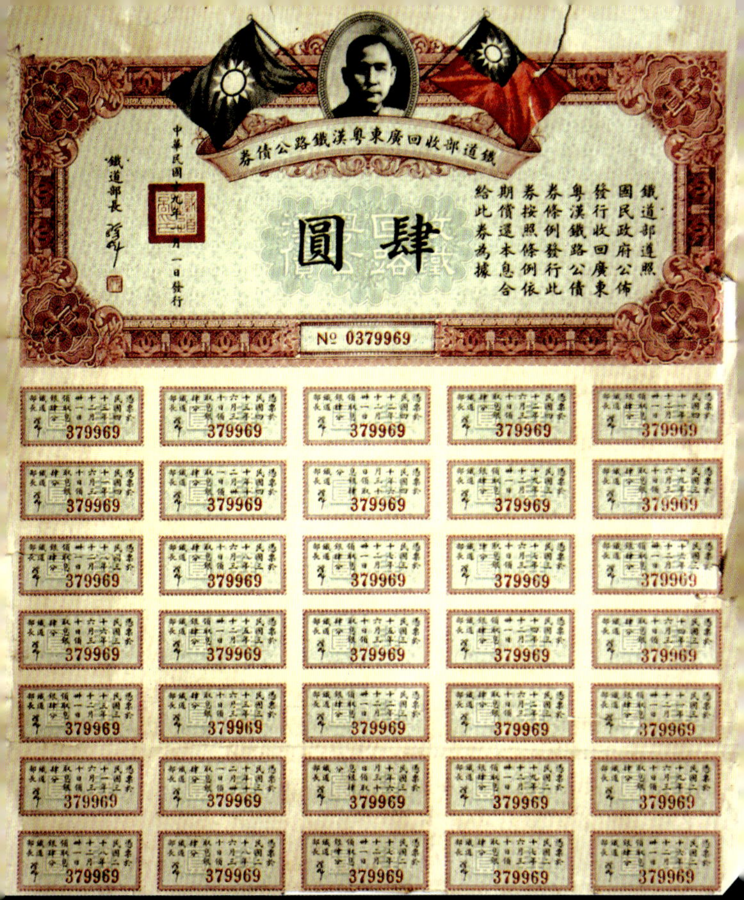
鐵道部收回廣東粵漢鐵路公債券
鐵道部遵照國民政府公佈發行收回廣東粵漢鐵路公債條例發行此券按照條例依期償還本息合給此券為據
肆圓
中華民國十九年 月一日發行
鐵道部長
№ 0379969

■中华民国十九年（ 1930）铁道部收回广东粤汉铁路肆元公债券。

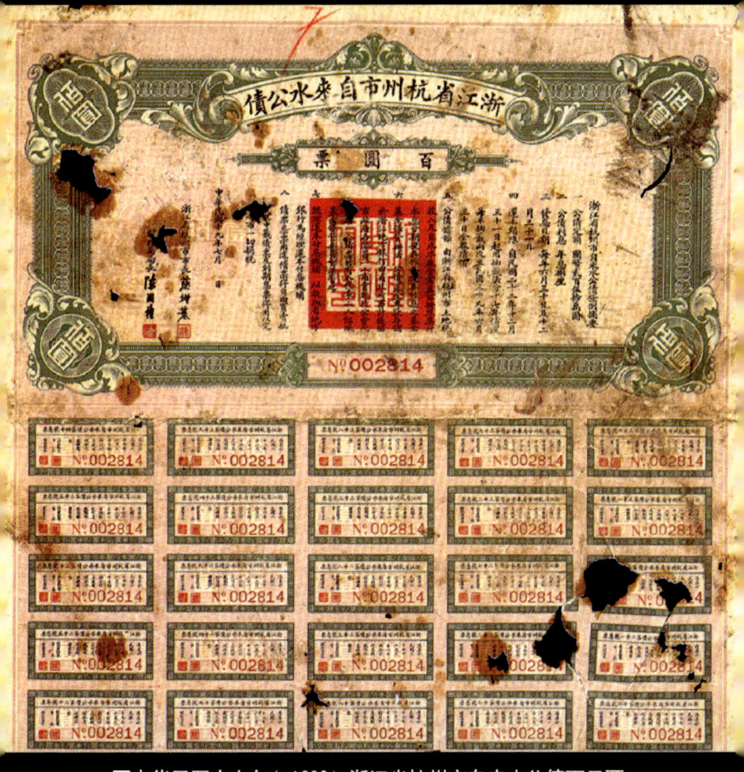
浙江省杭州市自來水公債
百圓票
№002814

■中华民国十九年（ 1930）浙江省杭州市自来水公债百元票

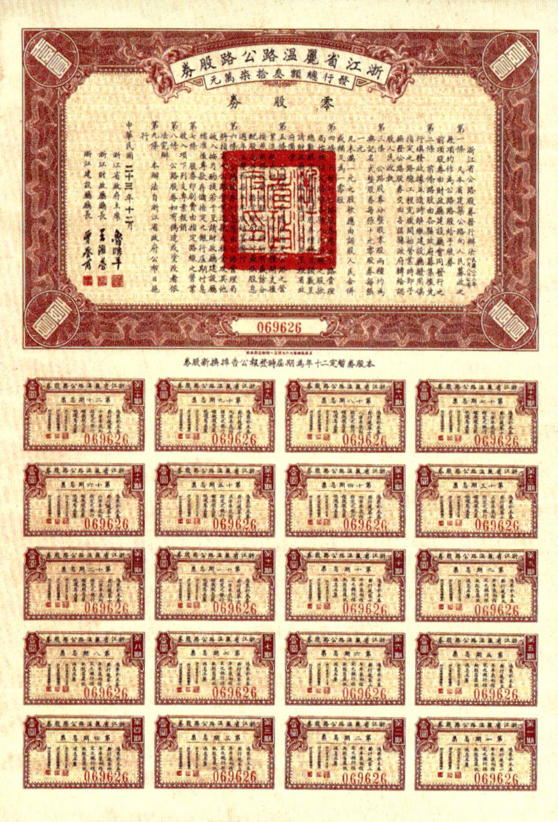

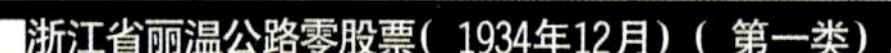

■浙江省丽温公路零股票（1934年12月）（第一类）。

■浙江省旧处属公路零股票（1936年8月）（第二类）。

■中华民国二十五年（1936）浙江省整理公债伍元（第三类）。

■民国二十五年（1936）浙江省整理公债百元（第四类）。

■中华民国二十三年（1934）浙江省淳遂公路零股票，此股票比较少见。

杭州老字号系列丛书·货币金融篇

FINANCE 货币金融篇

◎民国浙江代用币◎

◎浙江银行有价证券一瞥

民国时期，除兴业银行、浙江地方银行和四明银行等官商银行发行过许多纸币外，民国时期浙江的商会、商家还发行过无数代用币。这些代用币，大致分为三类，一类是浙江解放区发行的镴质代用币和粮票。浙东粮票可抵金库券纳粮完

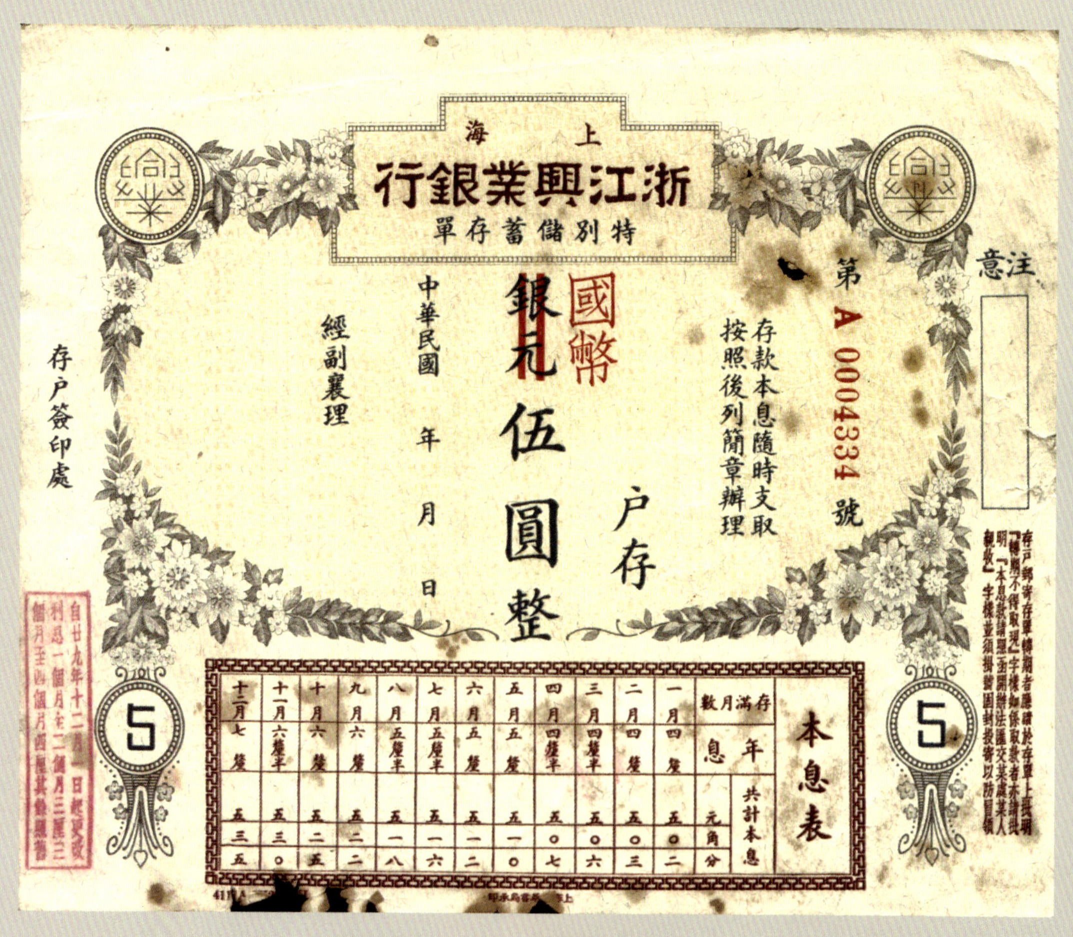

上海

浙江興業銀行

特別儲蓄存單

第 A 0004334 號

存款本息隨時支取按照後列簡章辦理

國幣

銀元伍圓整

存户

中華民國 年 月 日

經副襄理

存户簽印處

注意

存户郵寄存單轉期者應請於存單上載明「轉期不得取現」字樣如係取款者亦請載明「本息款請匯至〇〇開辦法匯交某處某人親收」字樣並須掛號圍封投寄以防冒領

自廿九年十二月一日起更改利息一個月至二個月三厘三個月至四個月四厘其餘照舊

本息表

存滿月數	一月	二月	三月	四月	五月	六月	七月	八月	九月	十月	十一月	十二月
年息	四釐	四釐	四釐半	四釐半	五釐	五釐	五釐半	五釐半	六釐	六釐	六釐半	七釐
共計本息 元	五	五	五	五	五	五	五	五	五	五	五	五
角	〇	〇	〇	〇	一	一	一	一	二	二	三	三
分	二	三	六	七	〇	二	六	八	二	五	〇	五

上海浙江兴业银行特别储蓄存单国币伍元整。

税，其实是一种比货币更硬的硬通货，已有专门介绍，在此不赘述。第二类，是银行发行的代价券、储金券、礼券。此类有价证券，多无涉及。第三类是抗战时期因辅币紧张，为了交易周转，商会行业和商家自行发行的代用辅币。

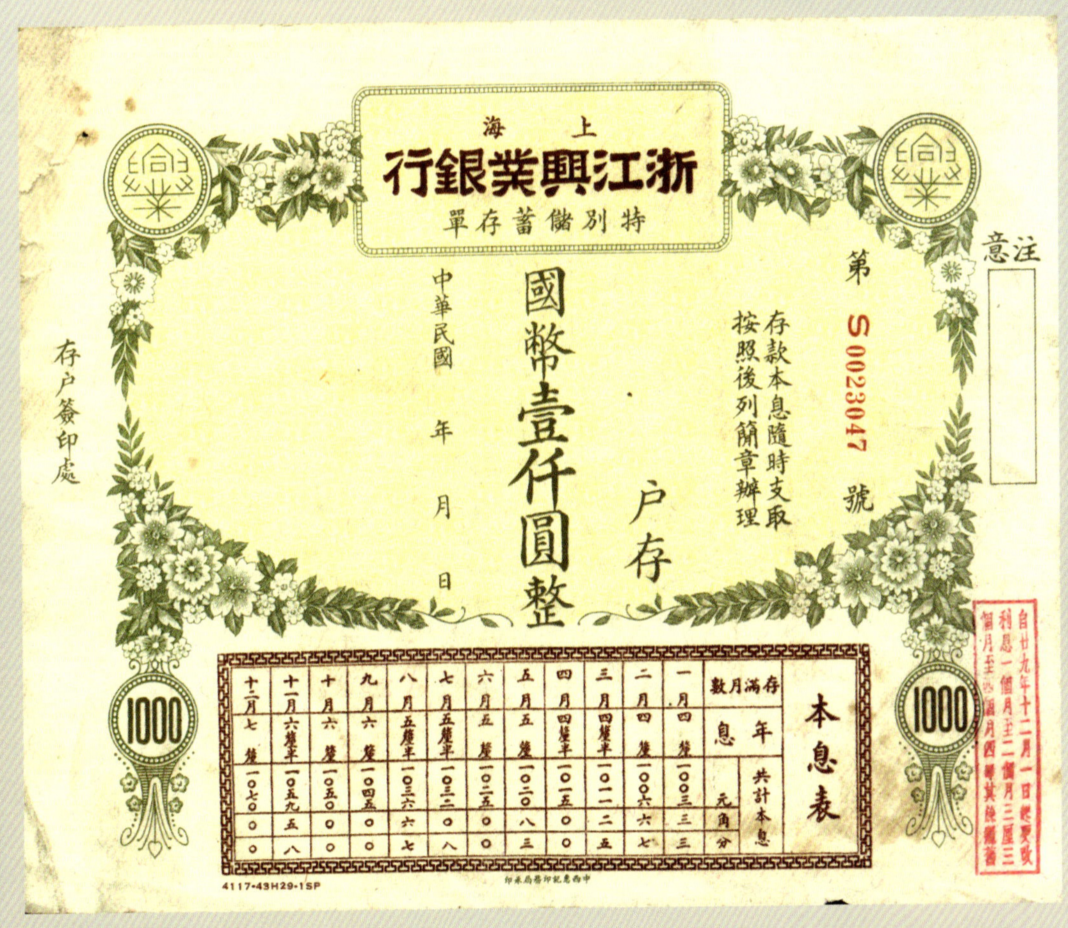

上海

浙江興業銀行

特別儲蓄存單

第 S 0023047 號

存款本息隨時支取 按照後列簡章辦理

國幣壹仟圓整

戶存

中華民國 年 月 日

存戶簽印處

注意

本息表

存滿月數	一月	二月	三月	四月	五月	六月	七月	八月	九月	十月	十一月	十二月
年息	四釐	四釐	四釐半	四釐半	五釐	五釐	五釐半	五釐半	六釐	六釐	六釐半	七釐
共計本息 元	一〇〇三	一〇〇六	一〇一一	一〇一五	一〇二〇	一〇二五	一〇三二	一〇三六	一〇四五	一〇五〇	一〇五九	一〇七〇
角	三	六	二	〇	八	〇	〇	六	〇	〇	五	〇
分	三	七	五	〇	三	〇	八	七	〇	〇	八	〇

自廿九年十二月一日起要改

利息一個月至二個月三厘三

1000

4117-43H29-1SP

中西惠記印務局承印

■上海浙江兴业银行特别储蓄存单国币壹仟元整。

■浙江地方银行节约建国储金存证国币伍拾元。

■浙江地方银行节约建国储金存证国币壹佰元。

■浙江地方银行节约建国储金存证国币壹仟元。

■1945年杭州交通银行节约建国储蓄券100元。

■1936年中国农民银行（绍兴办事处）节约建国储蓄券壹仟元。

■1936年浙江地方银行拾元礼券。

■1940年

行贰元礼券。

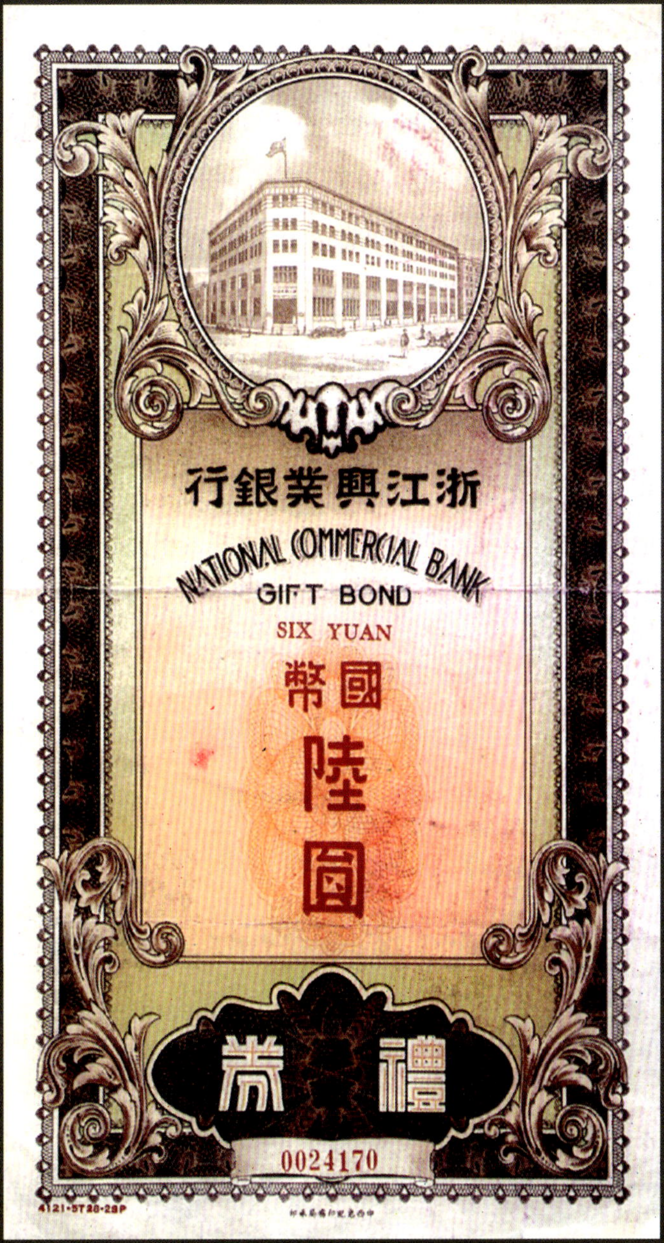

■1940年浙江兴业银行陆元礼券。

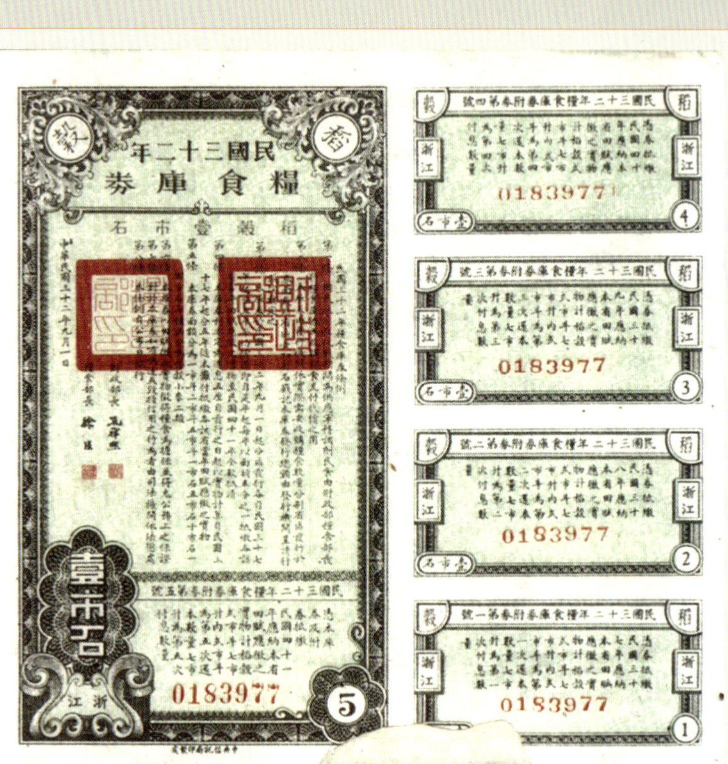

■民国三十二年（1943）浙江粮食库券壹市石。

■仁昌绸厂门市部整元礼券。

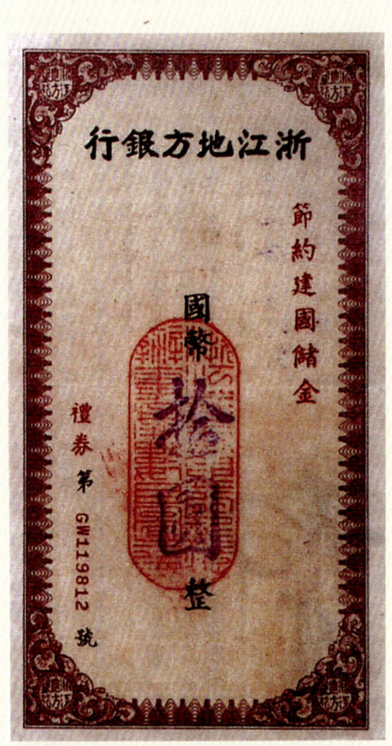

■浙江地方银行拾元礼券，浙江地方银行贰拾元礼券。

◎抗战时期浙江代用币

抗战时期，经济萧条衰退。铜铁金属都被强征拉去制造枪炮武器，以致金属辅币非常紧缺。上海成为孤岛后，一度使用印花税票、邮票替代辅币找零。应运而生的是上海、江苏和浙江的沦陷区，大批商家自行印制纸质辅币应市。这些纸质代用币都有几个显著的特点。一是面值低，大多为壹分、贰分；二是均为商业行会、商家自行印制，背面还有使用说明；三是多以浙江和杭州当地风景入画，如西博会桥（方立大茶号）、雷峰塔（西湖正兴面馆）、孤山公园牌楼（彭埠镇商会）、六和塔（杭州许一大和记文具纸号）、三潭印月（三墩镇商会），不仅使杭人有亲切感，也是铁蹄下杭城人民抒发的山河破碎爱国情怀的有力证明。

时光流逝数十年，这些当年浙江沦陷时的纸质辅币，已经非常稀缺，大多为孤品，它们见证着抗战中浙江那一段畸型的金融史。

■上仓桥永丰泰酱园代价券贰分

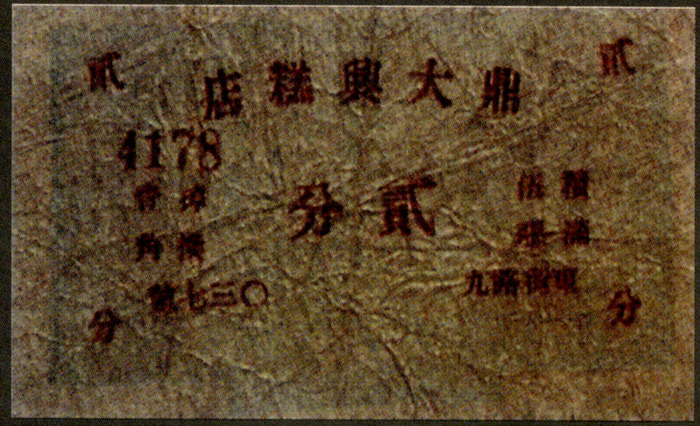

■东街路鼎大兴糕店贰分

■民国二十九年（1940）杭州三墩镇商会临时流通券壹分、贰分，以三潭印月入画。

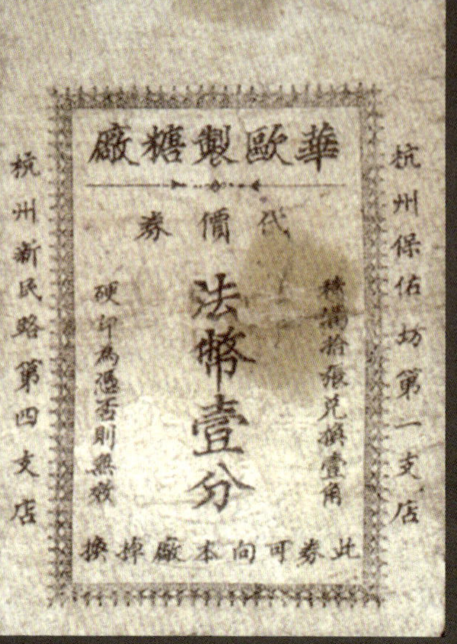

■华欧制糖厂法币壹分

■浙江省铜币券壹枚，以六和塔入画。

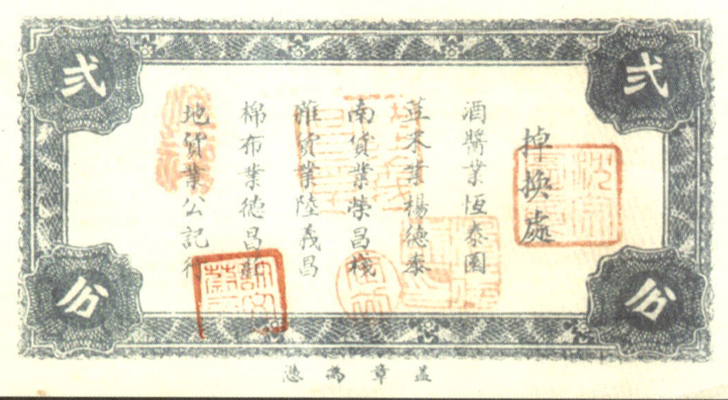

■彭埠镇商业联合会贰分，以中山公园门前光华复旦牌坊入画。

■杭州许一大和记文具纸号壹分，以六和塔钱江大桥入画。

■1923年7月1日杭州云章绸厂伍角礼券。

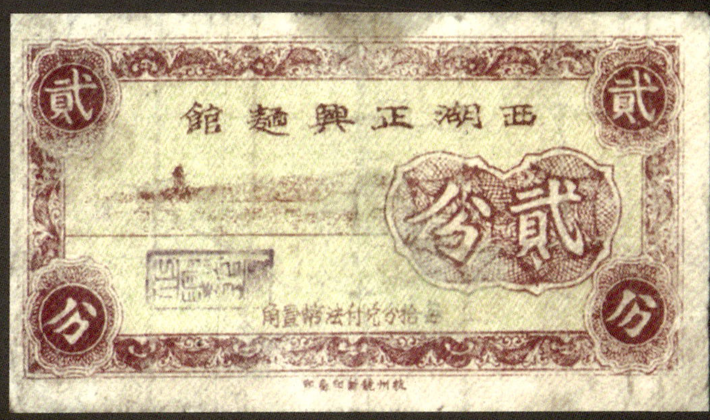

■ 西湖正兴面馆贰分，以雷峰塔入画。

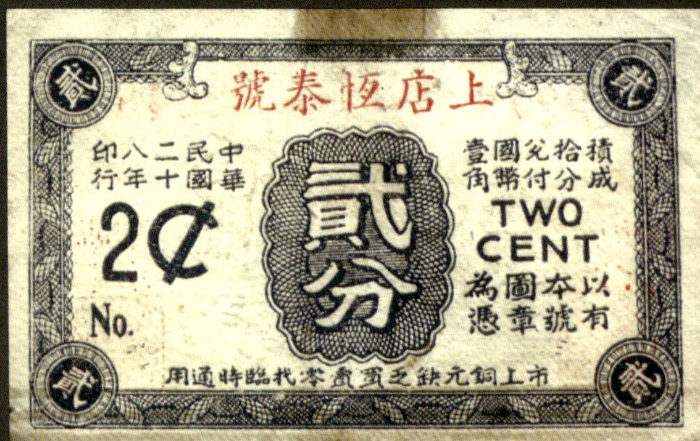

■上店恒泰号贰分。

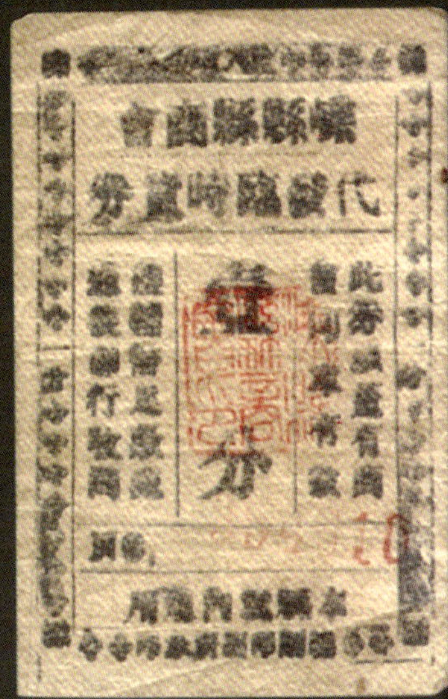
■嵊县县商会代发临时货券壹分、贰分。

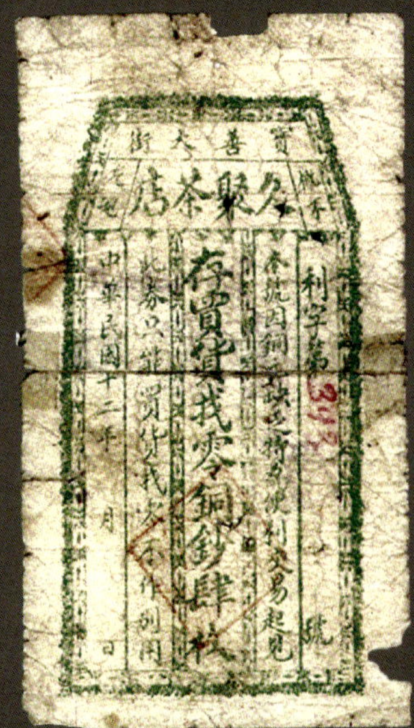
■宝善大街久聚茶店存买货找另铜钞肆枚（中华民国十二年）。

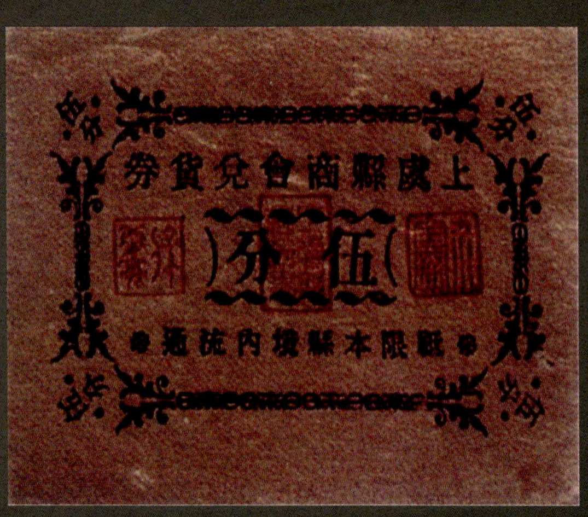

■上虞县商会兑货券伍分

■余姚县商会伍分。

■新昌县商会临时货券伍分。

■慈溪春华祥绸缎庄礼券陆角。

■许村王元丰号购物代价券贰分

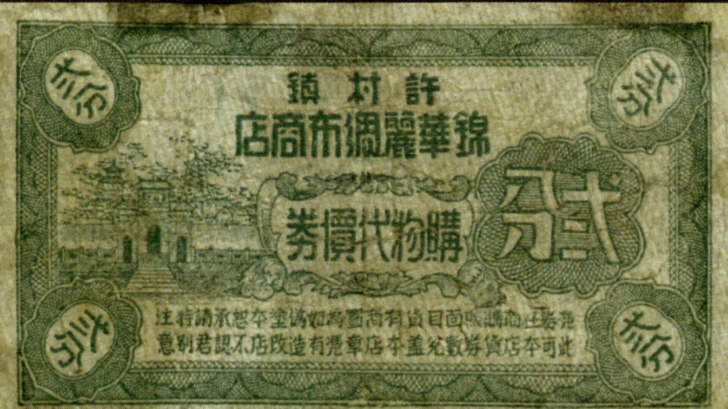

■许村锦华丽绸布商店代价券贰分

■大黄姑乡代价券伍分（ 中华民国二十九年）

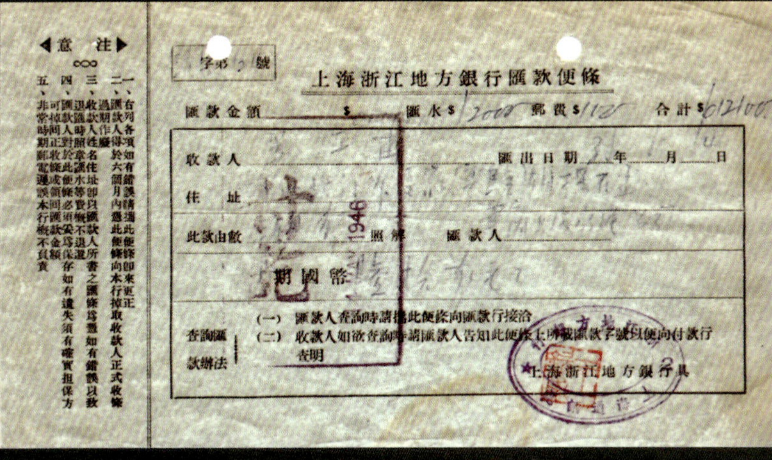

◀注意▶

一、右列各項如有錯誤請攜此便條即來更正
二、匯款人得於六個月內憑此便條向本行掉取收款人正式收條過期作廢
三、收款人姓名住址即以匯款人所書之匯條爲憑如有錯誤以致退匯時照章匯水等費概不退還
四、匯款人對於此便條必須妥爲保存如有遺失須有確實担保方可掉回正收條或領回匯款金額
五、非常時期郵電遲誤本行概不負責

字第　號

上海浙江地方銀行匯款便條

匯款金額 $　匯水 $　郵費 $　合計 $

收款人　匯出日期　年　月　日

住址

此款由敝　照解　匯款人

國幣　期

查詢匯款辦法　（一）匯款人查詢時請持此便條向匯款行接洽　（二）收款人如欲查詢時請匯款人告知此便條上所載匯款字號以便向付款行查明

上海浙江地方銀行具

■1942年上海浙江地方银行汇款便条。

■华墅镇商联会十文。

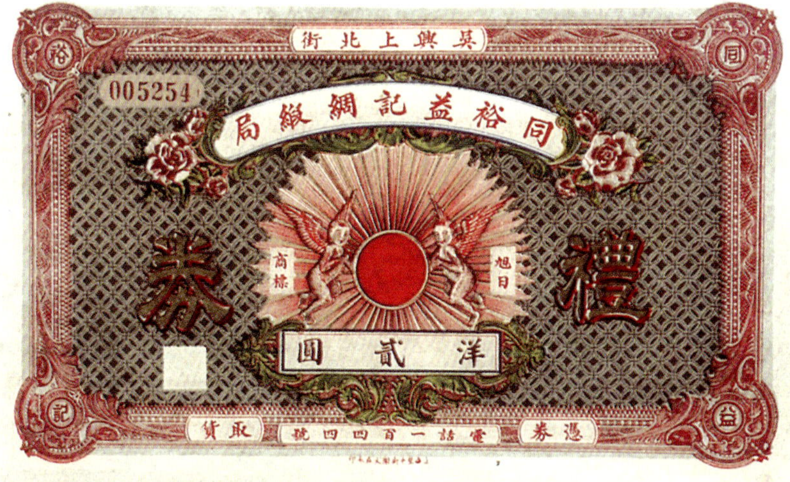

■吴兴（湖州）同裕益记绸缎局贰元礼券。

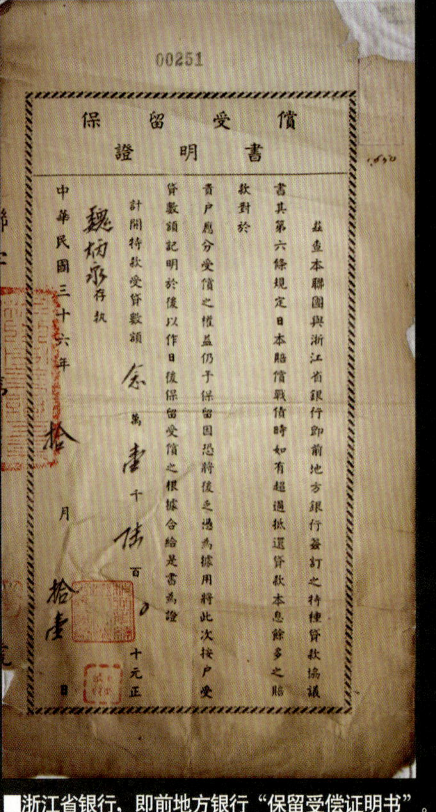

00251

保留受償證明書

茲查本聯團與浙江省銀行即前地方銀行簽訂之特種貸款協議書其第六條規定日本賠償戰債時如有超過抵還貸款本息餘多之賠款對於 貴户應分受償之權益仍予保留因恐將後無憑為據用將此次按户受貸數額記明於後以作日後保留受償之根據合給是書為證

計開特款受貸數額 萬 千 百 十元正

魏炳承 存執

中華民國三十六年 拾 月 拾壹 日

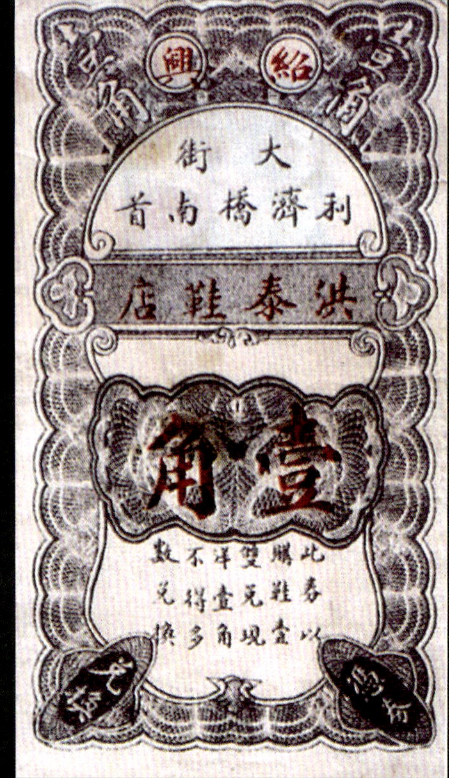

■浙江省银行，即前地方银行“保留受偿证明书”。

■绍兴洪泰鞋店壹角

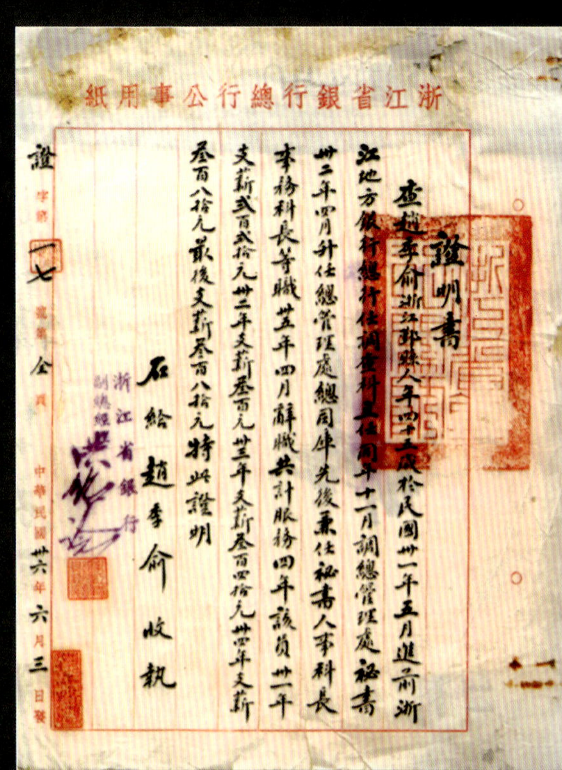

浙江省銀行總行公事用紙

證明書

查趙季俞浙江鄞縣人年四十五歲於民國廿一年五月進前浙江地方銀行總行任調查科主任同年十一月調總管理處秘書廿二年四月升任總管理處總司庫先後兼任秘書人事科長事務科長等職廿五年四月辭職共計服務四年該員廿一年支薪貳百貳拾元廿二年支薪叁百元廿三年支薪叁百四拾元廿四年支薪叁百八拾元嗣後支薪叁百八拾元特此證明

右給趙季俞收執

浙江省銀行 副總經理

證字第一七號 全一頁

中華民國卅六年六月三日發

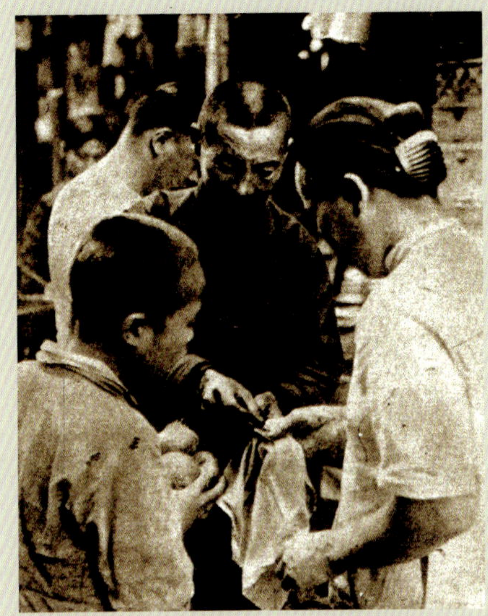
■女佣用印花税票买菜。

■用邮票支付黄包车费。

■出售邮票、印花税票的小店。

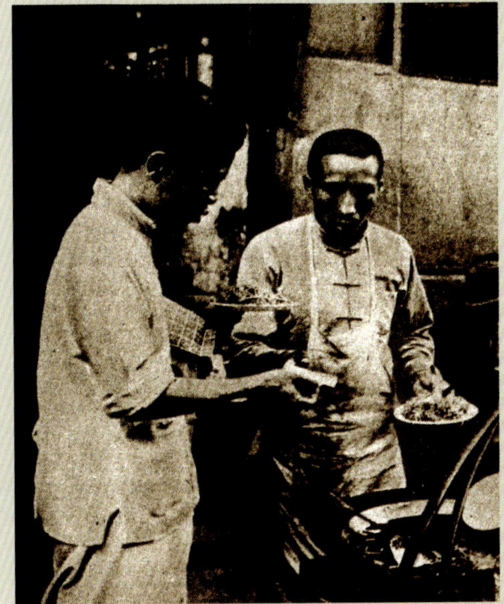
■用印花税票买早点。

◎辅币荒旧影

以上是一组1940年《良友》画报刊登的，抗战时期上海成为孤岛后，金属辅币奇缺时期，以印花税票、邮票等代用币购物的老照片，每幅照片下均有文字说明，可以帮助我们理解抗战时使用代用币的背景。

杭州老字号系列丛书·货币金融篇

FINANCE 货币金融篇

◎民国时期杭州的银行和钱庄◎

浙江地方银行旧址（20世纪90年代）。

◎杭州的银行

这是一组民国时期银行旧影，我们可以体味到七八十年前旧时银行的风貌。

1933年《杭州市经济调查》记载，杭州市内银行均系本国银行，并无外国银行。全市有中央银行、中国银行、交通银行、大陆银行、中南银行、浙江兴业银行、杭州惠通银行、道一银行、中国农工银行、中国实业银行、浙江实业银行、监业银行在杭州设立的支行，还有浙江地方银行杭州总行、浙江储丰银行、浙江典业银行、浙江储蓄银行等银行16家，其中以浙江兴业银行开办最早，营业以中国银行最大。

铸有“浙行”字样的花式窗栅。

浙江兴业银行（20世纪90年代）。

■某银行营业大厅（20世纪30年代）。

■民国时期某银行营业室（20世纪30年代）。

■成堆钞票中的银行职员（20世纪30年代）。

下页是一组民国时期浙江建业银行的文化遗存，我们可以了解到七八十年前杭城银行的点点滴滴。

根据1946年《浙江工商年鉴》，至1946年，杭州的银行又增加了中央信托局、邮政储金汇业局、上海绸业银行、四明银行、中国通商银行、浙江建业银行、江海银行在杭州设立的分行，以及两浙商业银行杭州总行，惇叙商业储蓄银行，杭县县银行、杭州市银行等银行。

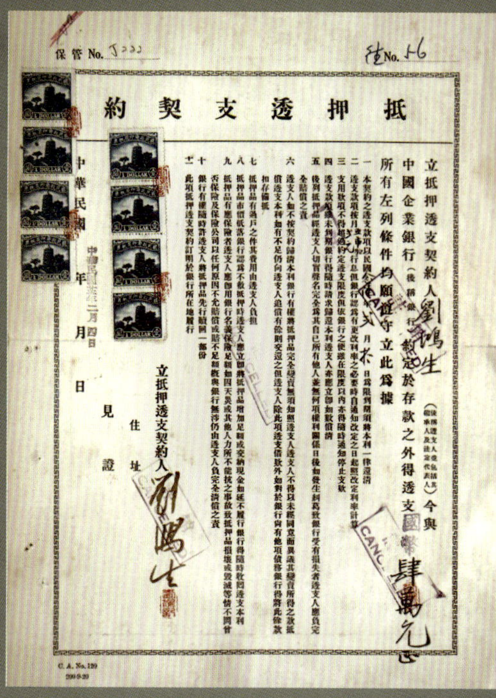

保管No. J222　　No. 56

抵押透支契約

立抵押透支契約人劉鴻生（後稱透支人並包括其繼承人及法定代表人）今與中國企業銀行（後稱銀行）約定於存款之外得透支國幣肆萬元所有左列條件均願遵守立此爲據

一　本契約之透支款項以民國　年　月　日爲限到期須將本利一律還清
二　透支款項按月息　行息但銀行認爲有更改利率之必要時自通知改定之日起照改定利率計算
三　支用款項不得超過約定透支限度但依銀行之便雖在限度以內亦得隨時通知停止支款
四　透支款項雖未到期銀行得隨時請求歸還本利透支人亦應立即如數償清
五　後列抵押品經透支人切實聲名完全爲其自己所有他人並無何項權利關係日後如發生糾葛致銀行受有損失者透支人應負完全賠償之責
六　透支人如不按契約歸清本利銀行有權將抵押品完全變賣無須知照透支人透支人不得以未經同意而異議其變賣所得之款抵償透支本利如有不足仍向透支人追償有餘則交還之但透支人除此項透支債款外如對於銀行尚有他項債務銀行得將此餘款扣存備抵
七　抵押品有過戶之件其費用由透支人負担
八　抵押品市價低落銀行認爲不敷抵押時透支人應立即將抵押品增加足額或交納現金如延不履行銀行得隨時收回透支本利
九　抵押品有應保險者透支人應即用銀行名義保險足額如因天災或其他人力所不能抗之事故致抵押品損壞或毁滅等情不問曾否保險及保險公司以任何原因不允賠償或賠不足額概與銀行無涉仍由透支人負完全清償之責
十　銀行有權隨時許透支人將抵押品先行贖回一部份
十一　此項抵押透支契約訂明於銀行所在地履行

立抵押透支契約人　劉鴻生

住址

見證

中華民國　年　月　日

C. A. No. 129

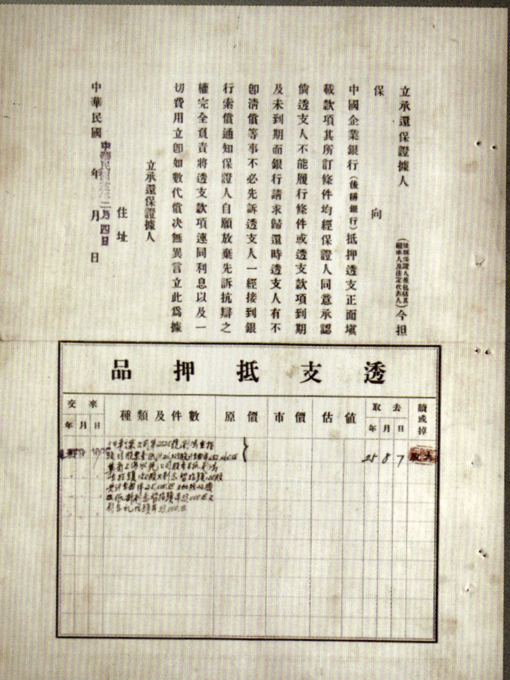

立承還保證擔人　　　今担保

　　　向

中國企業銀行（後稱銀行）抵押透支正面壙載款項其所訂條件均經保證人同意承認倘透支人不能履行條件或透支款項到期及未到期而銀行請求歸還時透支人有不即清償等事不必先訴透支人一經接到銀行索償通知保證人自願放棄先訴抗辯之權完全負責將透支款項連同利息以及一切費用立即如數代償決無異言立此爲據

立承還保證擔人

住址

中華民國　年　月　日

透支抵押品

交來 年 月 日	種類及件數	原價	市價	估值	取去 年 月 日	領取簽章

■大中华火柴厂董事长刘鸿生签署的《中国企业银行抵押透支契约》正反面。1934年后，大中华火柴厂老板也是杭州光华火柴厂的老板，通过这纸契约，可以看到七八十年前旧中国银行的抵押透支为企业融资之一斑。

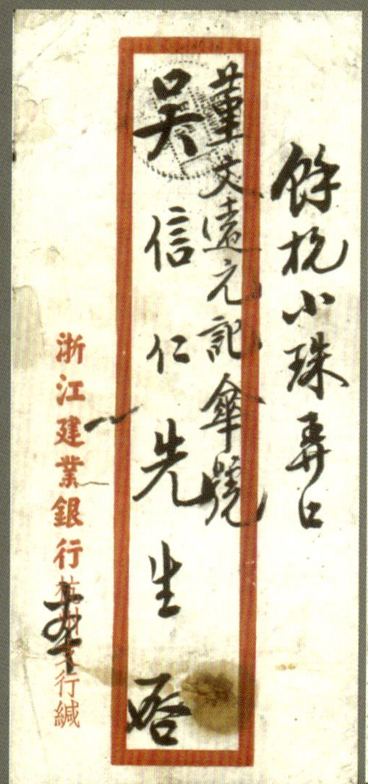

■浙江建业银行信封（20世纪30年代）

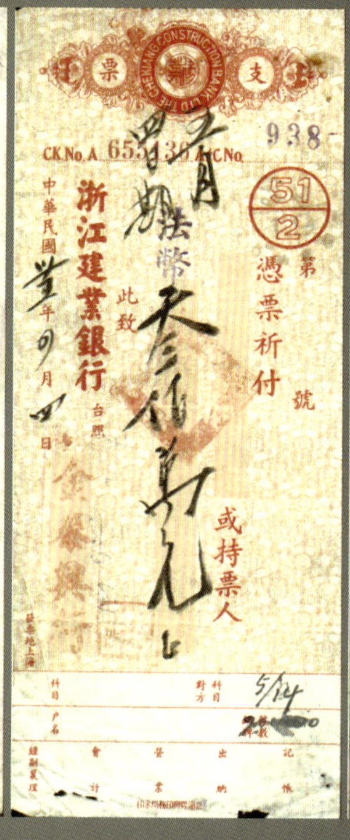

■浙江建业银行支票（20世纪40年代）

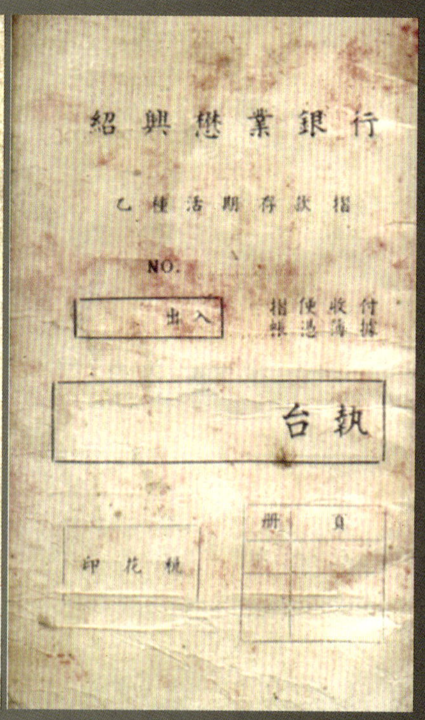

■绍兴懋业银行存折（20世纪30年代）

■浙江建业银行旧影（20世纪30年代）。 ■浙江建业银行信笺（20世纪30年代）。

■中国通商银行定海支行银章（上），浙江建业银行绍兴支行证章（下左），1936年中国银行赠合作奖章（下中），中国银行（杭州）证章（下右）。

■交通银行杭州分行银章（左上），交通银行杭州分行证章（左下），交通银行成立40周年纪念银章（中），交通银行杭州分行证章（右）。

■浙江农民银行职训班同学会银章（左），浙江兴业银行证章（中上），■惇叙银行杭州分行铜牌（中下），中央银行杭州分行铜牌（右）。

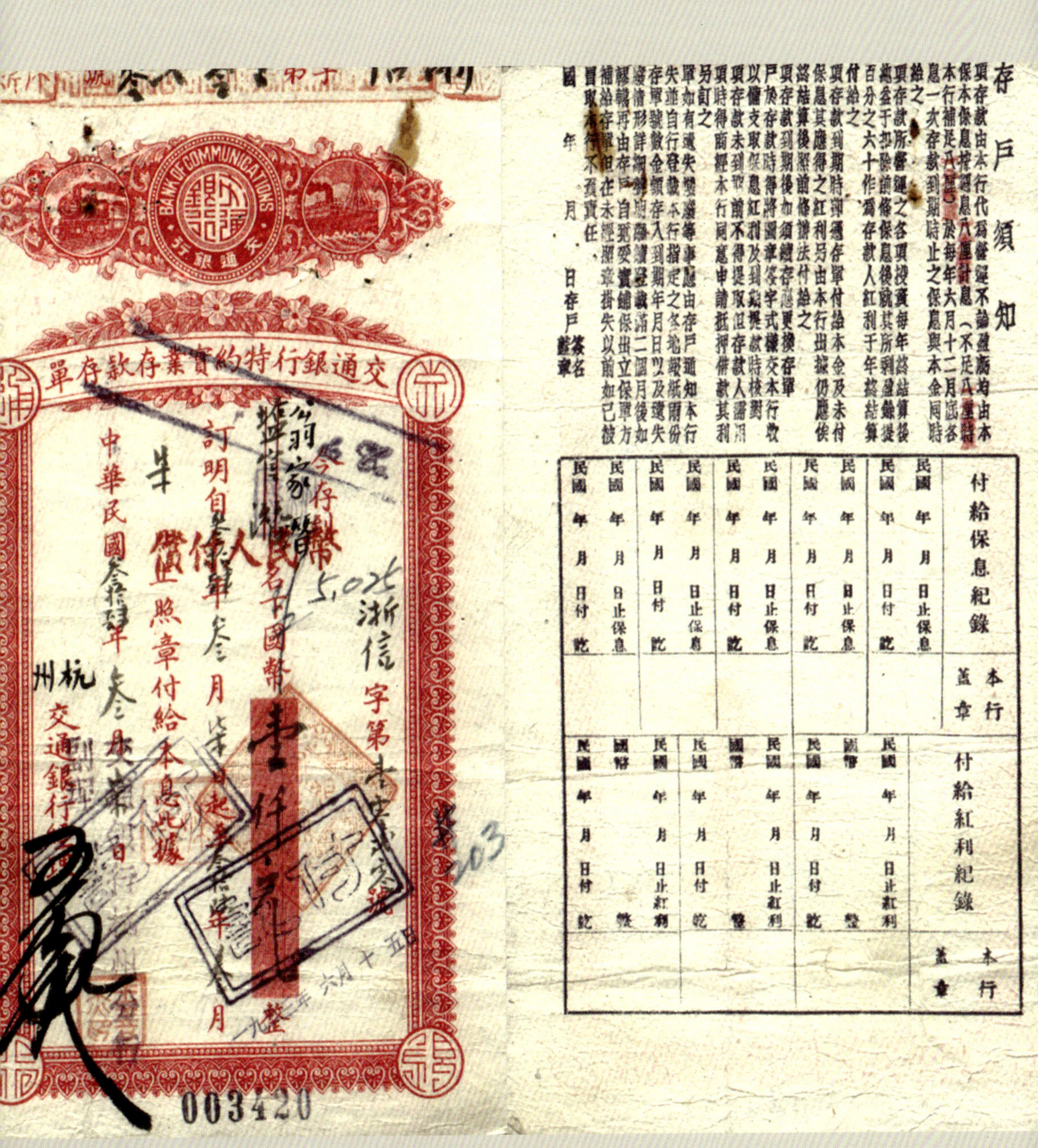

交通銀行特約實業存款存單

BANK OF COMMUNICATIONS

交通銀行

今存到

國幣

字第 號

訂明自 年 月 日起至 年 月 日止

照章付給本息此據

保人

中華民國 年 月 日

杭州交通銀行

003420

存戶須知

一、本項存款由本行代為營運不論盈虧均由本行保本保息按週息八厘計息（不足八厘時本行補足八厘）於每年六月十二月底各付息一次存款到期時止之保息與本金同時付給之

二、本項存款所營運之各項投資每年終結算後如有盈余于扣除前條保息後就其所剩盈餘提百分之六十作為存款人紅利于年終結算付給之

三、本項存款到期時憑存單付給本金及未付保息其應得之紅利另由本行出據仍應俟結算後照前條辦法付給之

四、本項存款到期後如須續存應更換存單

五、存戶於存款時得將圖章簽字式樣交本行收存以備支取保息紅利及到期提款時核對

六、本項存款未到期前不得提取但存款人需用款項時得商經本行同意申請抵押借款其利率另訂之

七、存單如有遺失毀滅等事應由存戶通知本行掛失並自行登載本行指定之各地報紙兩份將存單號數金額存入到期年月日以及遺失毀滅情形詳細登載滿二個月後如無糾葛再由存戶自覓殷實鋪保出立保單方可補給存單但在未經掛失以前如已被冒取本行不負責任

民國 年 月 日存戶簽名蓋章

付給保息紀錄	本行蓋章
民國 年 月 日止保息	
民國 年 月 日付訖	
民國 年 月 日止保息	
民國 年 月 日付訖	
民國 年 月 日止保息	
民國 年 月 日付訖	
民國 年 月 日止保息	
民國 年 月 日付訖	
民國 年 月 日止保息	
民國 年 月 日付訖	

付給紅利紀錄	本行蓋章
民國 年 月 日止紅利	
國幣 整	
民國 年 月 日付訖	
民國 年 月 日止紅利	
國幣 整	
民國 年 月 日付訖	
民國 年 月 日止紅利	
國幣 整	
民國 年 月 日付訖	

■1945年杭州交通银行特约实业存款存单。

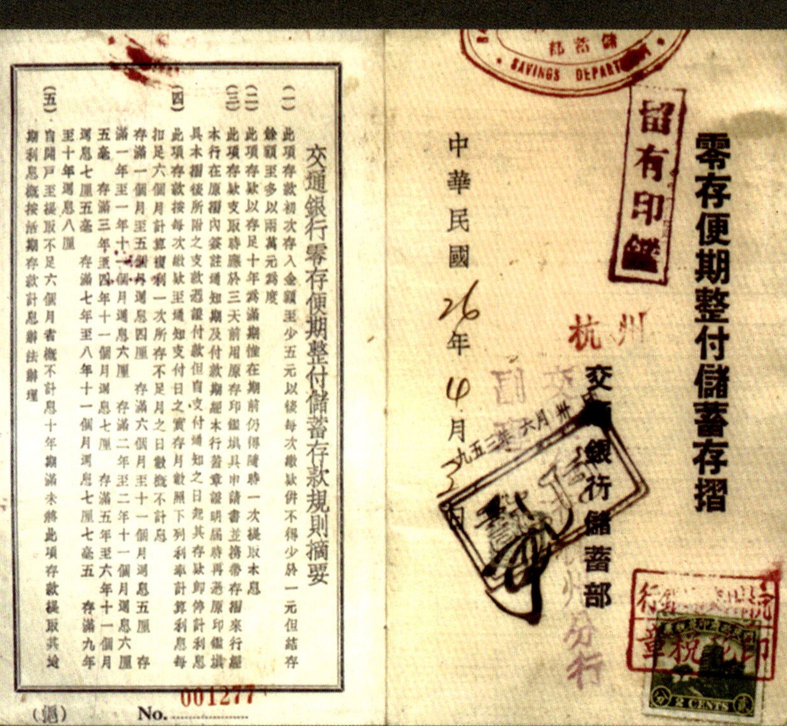

■1937年杭州交通银行零存便期整付储蓄存折。

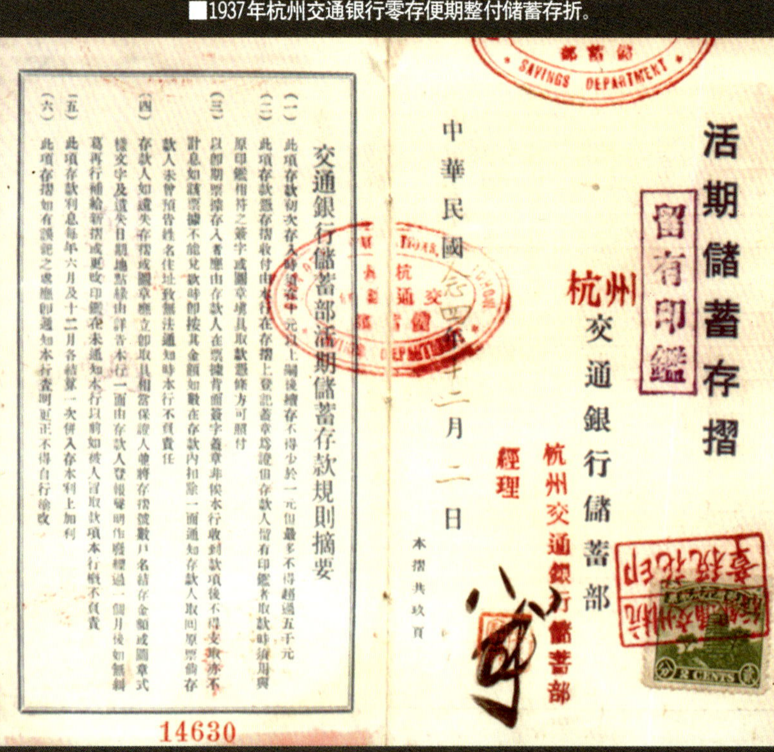

■1935年杭州交通银行活期储蓄存折。

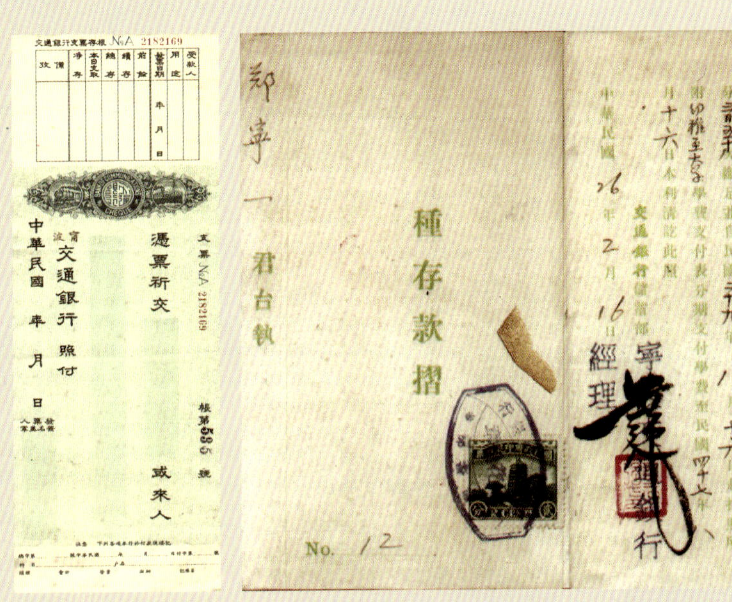

交通银行宁波分行支票。

1936年交通银行宁波分行郑宁一从幼稚至大学教育储蓄存款折。

◎浙江省合作金库

《杭州文史丛编》载，浙江省合作金库于1946年1月在丽水成立，由中国农民银行分行经理任理事主席，聘请徐潇若为总经理。设县合作金库37所。1942年，日军窜扰浙东，各县合作金库改由中国农民银行杭州分行、中国银行杭州分行、浙江地方银行划区辅导设立，因省库失去县库基础，业务几乎停顿，连年遭受亏损。抗战胜利后，浙江省合作金库迁杭州，但业务已基本停顿。1947年8月，浙江省政府增拔提倡股1亿元，但币值惨跌，仍无力正式营业。

历任理事主席严兆祖、李作琼；历任总经理徐渊若，徐绍桢。

依据县合作金库规程，浙江不少县成立有县合作金库。县金库规定股本总额为10万元，由各县区域之合作社、合作社联社认股，县政府、省合作金库，即可准以筹备处名义先行营业。1939年10月，萧山县成立合作金库；1940年10月，淳安县成立合作金库；1941年3月、6月、7月，1943年1月相继成立泰昌、遂安、於潜、临安县合作金库。

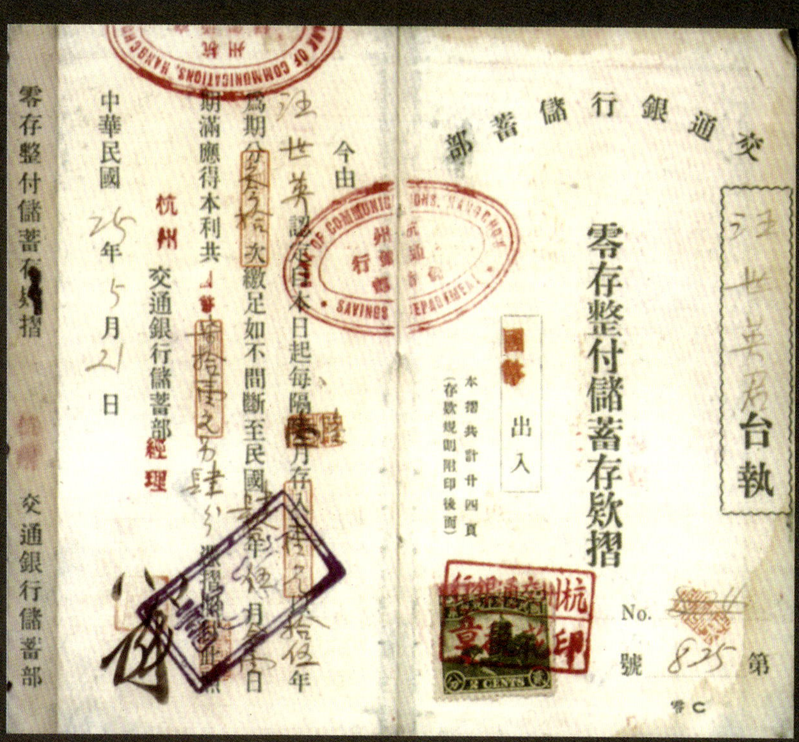

交通銀行儲蓄部

零存整付儲蓄存欵摺

No. 第 835 號

出入

本摺共計廿四頁（存款規則附印後面）

汪世英君台執

今由汪世英君認定自本日起每隔 月存入 為期分 次繳足如不間斷至民國 年 月 日期滿應得本利共

杭州交通銀行儲蓄部經理

中華民國25年5月21日

零存整付儲蓄存欵摺

交通銀行儲蓄部

■1936年杭州交通银行零存整付储蓄存款折。

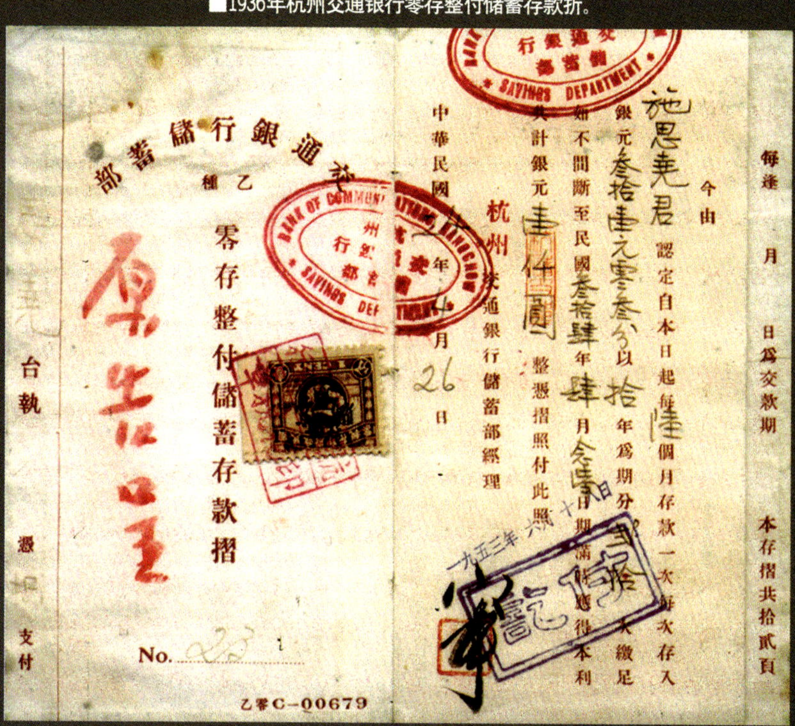

交通銀行儲蓄部

乙種

零存整付儲蓄存款摺

No.

乙零C—00679

台執

憑 支付

每逢 月 日爲交款期

本存摺共拾貳頁

今由施恩堯君認定自本日起每 個月存款一次每次存入銀元叁拾壹元零叁分以 年爲期分 次繳足如不間斷至民國 年 月 日期滿時應得本利共計銀元 整憑摺照付此照

杭州交通銀行儲蓄部經理

中華民國 年 月26日

■1935年杭州交通银行乙种零存整付储蓄存款折。

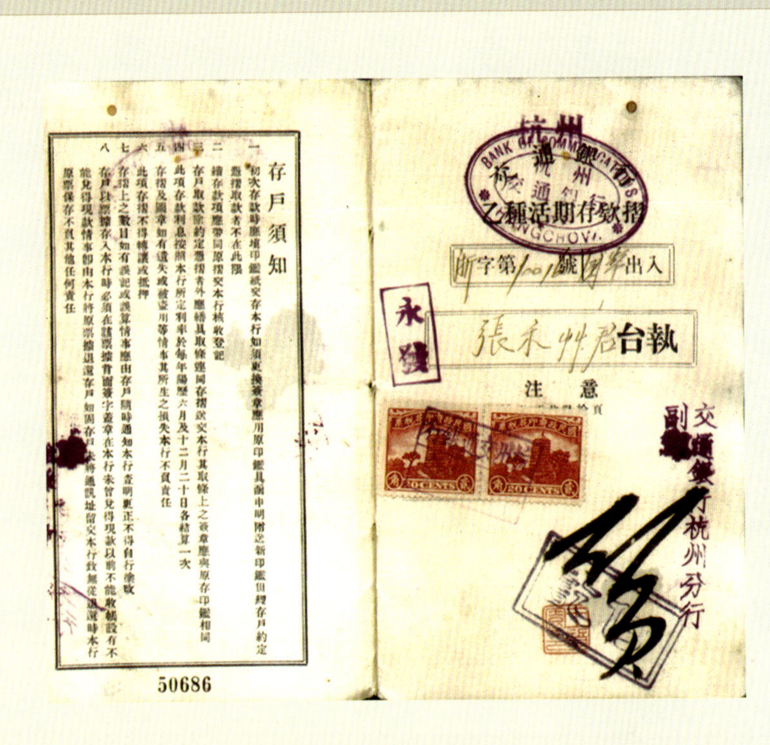

存戶須知

一 初次存款時應填印鑑紙交存本行如須更換簽章應用原印鑑具函申明附送新印鑑但經存戶約定憑摺取款者不在此限

二 續存款項應帶同原摺交本行核收登記

三 存戶取款除約定憑摺者外應繕具取條連同存摺交本行其取條上之簽章應與原存印鑑相同

四 此項存款利息按照本行所定利率於每年陽曆六月及十二月二十日各結算一次

五 存摺及圖章如有遺失或被盜用等情事其所生之損失本行不負責任

六 此項存摺不得轉讓或抵押

七 存摺上之數目如有誤記或誤算情事應由存戶隨時通知本行查明更正不得自行塗改

八 存戶以票據存入本行時必須在該票據背面簽字蓋章在本行未曾兌得現款以前不能支取設有不能兌得現款情事即由本行將原票據退還存戶如因存戶未將通訊地址留交本行致無從退還時本行原票保存不負其他任何責任

50686

交通銀行杭州分行

乙種活期存欵摺

字第　號　出入

台執

注意

交通銀行杭州分行

■交通银行杭州分行乙种活期存款折。

◎杭州银行同业公会

杭州市银行同业公会创立于1920年11月，第一任会长蔡谷清，会址设中国银行杭州分行内，有会员银行7家。民国十九年（1930）八月，有会员银行13家，会址在东太平巷居仁里九号兴业银行内，主任委员为金润泉。1946年3月，改称杭州市银行业商业同业公会，会址移至三元坊。负责人严燮，常务委员王芗泉、张旭人。1948年5月改选，理事长为金润泉，常务理事为张旭人、赵聚钰、童蒙正、金文雄。

民国时期，浙江省银行除负有对浙江经济提供放贷资金的任务外，还专门设立有经济研究室，对浙江的工农商业进行调查研究，撰写诸如丝绸、蚕桑、畜牧、茶叶等各种论述，经济调查报告，以及法规辑要，供工商界和经济银行界人士参考。

■1941年元裕钱庄全体同人合影。

■浙江省银行四十周年纪念册书影。

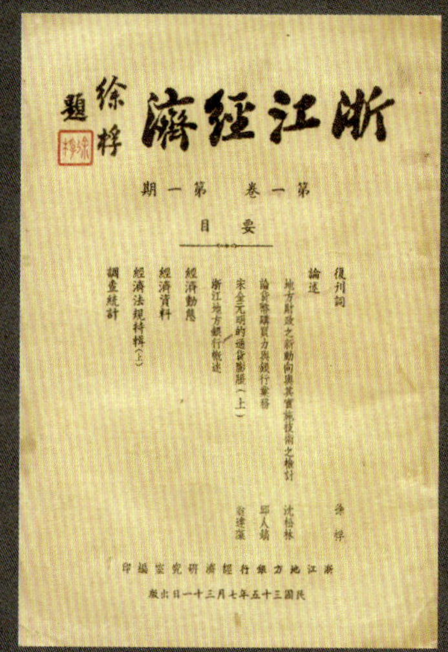

浙江經濟

徐樗題

第一卷 第一期

要目

復刊詞 徐樗

論述

地方財政之新動向與其實施技術之檢討 沈格林

論貨幣購買力與銀行業務 邱人鎬

宋金元明的通貨膨脹（上）

浙江地方銀行概述

經濟動態

經濟資料

經濟法規特輯（上）

調查統計

浙江地方銀行經濟研究室編印

民國三十五年七月三十一日出版

■浙江省银行经济研究室编印之《浙江经济》第一卷第一期封面书影（1946年7月31日）。

浙光

戰時半月刊第十九期

浙江地方銀行 編輯發行

第五卷 第七號

一年來東陽蘭谿二地火腿產銷情形 蘭行等

本期要目

■浙江地方银行编辑之《浙光》第五卷第六期封面书影（1938年1月16日）。

■浙江省合作金库筹备处证章。

■杭州储贸钱庄证章。

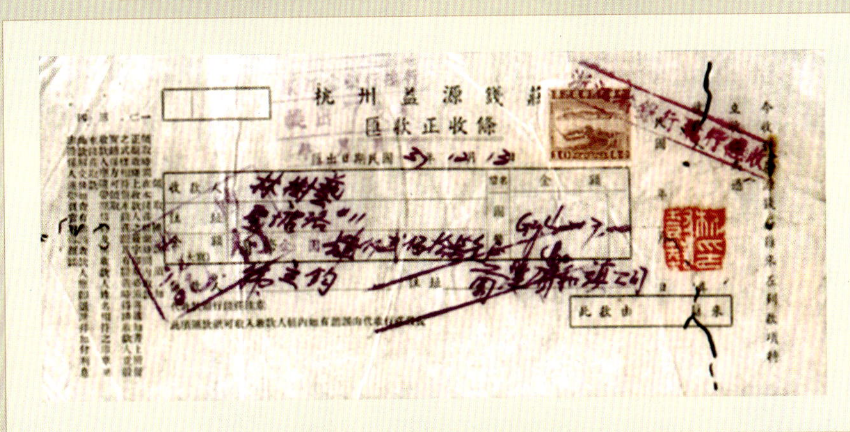

■1948年杭州益源钱庄汇款正收条。

◎杭州的钱庄

杭州的钱庄兴起于18世纪60年代后期，其时杭州的丝、茶、木材贸易日见旺盛，金银元宝库锭不仅携带不便，安全也是问题。经营各大商埠通汇业务的票号、钱庄应运而生。杭州最早且规模最大的私人票号，就是胡庆余堂的店主胡雪岩设在珠宝巷的“阜康”票号。第一任经理姓宓，即后任惟康钱庄协理宓廷芬之父。

从同治到宣统年间，杭州先后设有六家钱庄。民国初年杭城票号钱庄收歇清理，又复逐渐发展有大小同业钱庄四十余家。

■骗局翻新·描绘了晚清银楼轶事

■吴友如画宝《风俗志图说》之“瞽子齐行”，描绘了晚清街市，其中有“慎康钱庄”，系杭州城小同行钱庄。

■贪小失大 · 描绘了晚清涌源钱庄轶事。

■豆腐钱庄·描绘了晚清宁波江北岸天主堂新设钱庄轶事。

小同行钱庄

所谓小同行钱庄者，即过账同行，亦称门市店，其资本营业均弱于大同行，无汇划权利。依向章如有他埠汇款，在公会上能直接买卖，非汇划同行过账不可。过账之称，即缘于此。

1933年统计，杭州市小同行钱庄计有顺昌、诚昌、源昌、瑞和、瑞康、慎康、义源、衡九、震和、谦豫源记、永裕、同吉、周昌、同益、亦昌、成康、宏泰、恒盛、盈丰、益昌、升泰、同德，泰宝共计23家，全部存款不过二百七十万。

■民国钱庄，兼兑金银货币。

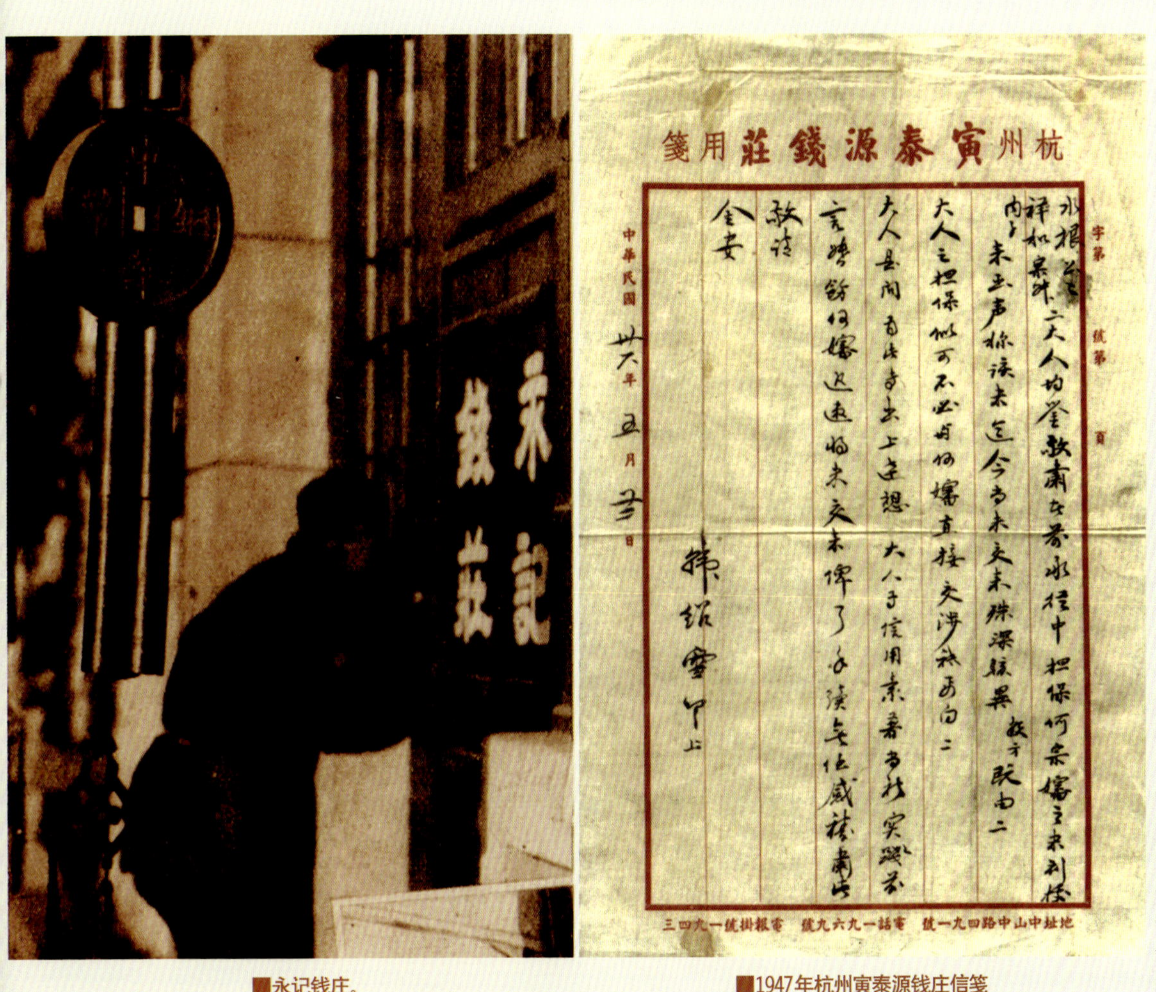

■永记钱庄。

■1947年杭州寅泰源钱庄信笺

钱　铺

除了小同行钱庄，还有一些未加入钱业公会的钱铺，以兑换为业，也兼营贴票和买卖公债，故亦称兑换庄。1932年统计，杭州有同盛，恒大昌、恒裕、衍源、泰康、复泰、万源、福源、穗源、莘记、同升、春源、元泰、兆泰、恒孚、恒润、泰安、致丰、万和、诚益、鸿源、怡升、震源、友记、惠通共二十五家。这类钱铺营业虽不如大小同行，但经营本省公债买卖，获利也颇丰。

◎杭州市钱业同业公会

杭州市钱业同业公会原为钱业会馆，设于柳翠井巷。民国十九年（1930），奉令改组为钱业同业公会，推定五人为委员，其中大同行三人，小同行二人，为钱业公会对外代表。内部事务则由各庄轮值，每年四家，称为司年，并在四家中推定一家为总司年，另三家则掌同人遗族抚恤同人身故施财义葬

■杭州市钱业店员工会第一次第二届监执委摄影（20世纪30年代）。

等事务。1946年改为钱业商会，设在竹斋街，负责人袁华庭。共有大小同行钱庄34家。

大同行于每日上午集合会馆，拟定行市及交换票据。小同行虽亦入会，对划抵账目等权则不得享受。杭州钱业同业公会还于民国十八年重订有详尽的《杭州钱业规则》，计有31条，众人照章行事。

杭州老字号系列丛书·货币金融篇

FINANCE 货币金融篇

杭州老字号系列丛书·货币金融篇

◎杭籍银行家小传◎

◎汤寿潜

民国时期杭州的诸多银行，涌现出许多影响杭州、浙江，乃至全国经济和金融业的银行家，值得一书。

汤寿潜（1856-1917），原名震，字蛰先，山阴县天乐乡大汤坞村（今属萧山区进化镇大汤坞村）人。光绪二十年（1894）进士，入翰林院为庶吉士。光绪二十年，任安徽青阳知县。到任仅三月，便辞官而去，游历各省，不久入湖广总督张之洞幕。光绪二十九年（1903），官授两淮盐运使，但以养亲之故留居上海，未到任。为推动立宪，光绪三十年与张謇等商绅一道为两江总督魏光焘拟请立宪稿，并致书湖广总督张之洞和北洋大臣兼直隶总督袁世凯，希望他们劝说清廷立宪。光绪三十一年（1905），为抵制帝国主义经济侵略，夺回浙江铁路建筑权，倡议集股自办全浙铁路。七月，在旅沪同乡会支持下和张元济等在上海成立“浙江全省铁路公司”，被公推为沪杭铁路总理，发动民间集资，建造商办铁路。在汤寿潜的主持下，浙江建成第一条铁路——沪杭路。

光绪三十二年（1906），浙江铁路公司在杭州召开第一次股东大会，决议成立银行，独立于公司之外。这样，既可“内顾路本”，又能“外保商市”。会上按汤寿潜提议取名为“浙江兴业银行”，寓“振兴浙江实业”之义，浙江兴业银

■汤寿潜（1856-1917）

■民国杭州城站（20世纪30年代）。

行是我国首家以民族资本为主体的商业银行。

宣统元年（1909），浙江谘议局成立，汤被推为议长，与张謇、汤化龙等立宪派重要首领发起和组织联合请愿，要求清王朝实行宪政。

1911年，武昌起义爆发，汤受浙江革命党之邀离沪抵杭。同年11月，杭州新军起义，被推举为浙江军政府首任都督。随后，联合上海都督陈其美、江苏都督程德全通电起义，并和独立各省召开省代表大会，商议成立统一的中央临时政府。1912年月，中华民国临时政府成立，汤被任命为交通总长，未赴任。2月，改任赴南洋劝募债总理，离沪出国，到南洋为临时政府筹款，以缓财政之困。4月，孙中山辞去临时大总统之职后，汤即回国与张謇、章太炎等组织统一党，力求挽回败局，汤任参事。8月，改任浙江铁路公司理事长。1915年，曾致电反对袁世凯称帝。晚年，返回乡里办学修桥，造福乡梓。1917年6月6日病卒。去世后，遗赠民国政府所奖二十万银元嘱用于浙江教育事业，后用于建造大学路浙江公共图书馆馆舍。

■蒋抑卮（1875—1940）

◎蒋抑卮

蒋抑卮（1875—1940），字鸿林，杭州人。蒋廷桂（海筹，1845—1934）次子，继配余氏所生。蒋抑卮其父蒋海筹9岁在杭州机坊当丝织业童工，10岁进孔凤春香粉店当学徒，后合伙经营丝绸。咸丰八年（1858），开设蒋广昌绸庄。后又置机织绸自销，不断创新织技，产品时有创新，为杭州织造局赏识，入贡清廷。由此声誉雀起，绸品供不应求。乃投资缫丝、练染，兼营放料加工，购机器，拓厂房，置织机二百台，雇职工400人。光绪二年（1876），在上海设广昌隆绸庄，分支庄号逐步进入汉口、天津、哈尔滨各地。1908年，蒋广昌绸庄业北及辽、吉、黑，南抵湖、广、闽，长江中下游各大商埠无不畅销其货，且远销海外，盛极一时，积资已逾百万，为杭州丝绸业主巨擘。蒋抑卮少年应童子试，补钱塘县生员，后捐民政部分部郎中，不久弃官。蒋抑卮厌恶科举八股，恶于官场应酬，锐意于学问，清光绪二十八年（1902）秋，他东渡日本，初进武备学堂，后因体弱改学经济，以探讨日本明治维新振兴经济、强化国力之策，研习资本主义社会金融实业相畏相成激活市场之理。赴日期间，蒋抑卮资助革命，还与鲁迅结为好友。

光绪三十年（1904）夏，蒋抑卮因耳疾辍学回国。次年，英国欲攫取苏

■蒋抑卮（右坐者）与鲁迅（左坐者）、许寿裳（站者），1909年在日本东京。

（沪）杭甬铁路修筑权，遭到了汤寿潜等浙江士绅和广大民众的激烈反对。清廷向英商怡和洋行借款一百五十万英镑并以路作押，准许浙江绅商附股。这一丧权卖路的消息传到浙江，群情激愤，在汤寿潜的引寻、号召下，爆发了轰轰烈烈的“保路拒款”风潮，成立了全省国民拒款会，并很快筹集到浙路股款二千三百万元。蒋廷桂因年迈由其子蒋抑卮接班，蒋抑卮积极投入到“保路拒款”运动中去。时汤寿潜与抑卮胞兄蒋玉泉已结为儿女亲家，闻蒋抑卮东渡日本回国，遂倚为股肱，听取他倡议设立浙江兴业银行的建议。蒋抑卮说服其父蒋廷桂打消疑虑，率先认购1000股，由此带动各界，商股得以认足。光绪三十三年（1907）五月，浙江兴业银行在杭州保佑坊惠民路口挂牌营业，举沈新三（904权），蒋廷桂（794权），孙向清（775权）为董事，胡藻青为总司理（或称总理）。蒋廷桂委蒋抑卮以董事职掌实权。

在蒋抑卮等人的主持下，浙江兴业银行开业伊始就讲究稳健处事，存款、放贷尤其注重自身信誉，除了为浙路公司服务，主要回放贷对象是浙江的丝绸纺织行业。

浙江兴业银行在1907年农历七月十八日获度支部批准，是年农历十一月委托商务印书馆承印第一版钞票，面额为壹元、伍元两种，分别印有“杭州”、“汉口”、“上海”三地字样，总计100万元。票面“浙江兴业银行”六字由沈新三用隶楷书写就，属爨碑体，银行招牌沿用之。随着银行业务不断上升，铁路工程日益拓展，到1911年10月辛亥革命前夕，浙兴发行钞票总额已近135万元，其中汉行约15万元，杭总行和沪行各约60万元。

兴业银行重视人才培养，尽力拓展员工理论知识。在胡藻青家创办的安定学校内设银行专修科，毕业生择优进入兴业。嗣后，于1920年聘北京大学经济学教授马寅初任顾问，专门作西方经济学系统演讲，月薪高达400元；又先后派高级行员去欧美银行实习；1935年，邀请章乃器来行讲授《银行投资》。不断提高银行人员素质，保证决策、经营和服务质量。兴业银行作为一家商业银行，开明宗义，为合力支持民族工商业的发展作出很大的贡献。

在1918年至1927年的十年间，兴业银行吸收存款在全国各大商业银行中曾五次居首位。1934年，杭州筹建钱塘江大桥，南京国民政府委托兴业银行筹款两百万元，兴业银行自己承担一半，显示其强大的金融实力。

蒋抑卮着意文教及有志之士，乐于捐赠。抗日战争爆发后，蒋抑卮捐款五万元作为上海合众图书馆的创办费，并率先捐献藏书楼“凡将草堂”（该藏书楼因汉代司马相如所著《凡将篇》而得名），藏古籍97593卷。1952年，其子女再次赠书于华东军政委员会文化部，前后共捐古籍15.67万卷。这两批图书全部并入上海图书馆。他在日本留学期间，结识鲁迅、许寿裳等人，成立浙江同乡会时曾资助百余元用以出版《浙江潮》。蒋抑卮与鲁迅关系密切，他俩的友谊从1902年在日本相识起，一直延续到1936年鲁迅在上海逝世，前后达三十余年。

蒋抑卮1940年在上海病逝，根据蒋氏父子生前遗愿，1986年在浙江丝绸工学院（现为浙江理工大学）设立了“蒋海筹、蒋抑卮丝绸奖学基金”。

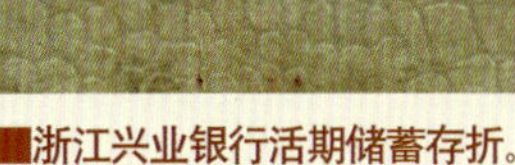

■浙江兴业银行活期储蓄存折。

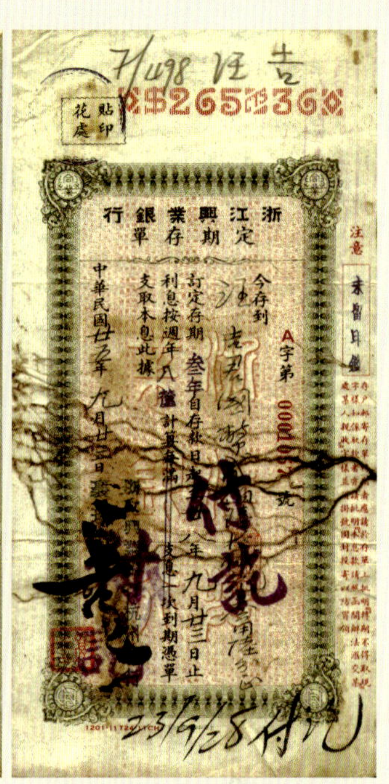

■1936年浙江兴业银行定期存单。

1940年12月29日，浙兴董事长叶揆初在蒋抑卮先生追悼会上致词曰："苟非抑卮先生之毅力热忱，漫天大风大浪，最险之日，安得善渡，本行亦当无复有今日之盛况也。"蒋抑卮主浙江兴业银行的三十余年中，经受过无数惊涛骇浪，辛亥银潮是其中最险峻的。百年浙江兴业银行往事，真切动人，商战如战场尽在其中。

1911年10月10日（清宣统三年，辛亥，八月十九日），抑卮先生时已寓居上海，上午11点得上海电报总局消息："湖北民军于昨夜12点半在武昌起义，总督瑞征不知下落。"当即电告杭州总行，复电询汉行资产负债确数。11日，邀寓沪董事讨论救济办法。其时杭、沪、汉三行资产负债相抵尚须准备135万元现款（银元）才能应急，事出武汉，救汉行即救全行。决议立即运10万元现银去汉，以保无虞。不料12日夜汉口、汉阳大火，人心浮动，秩序愈乱。13日，汉口各银行、钱庄相继停业，浙兴汉行只得暂告休业。不料浙江劝业道某君接到浙兴汉口方面的电报，放言"汉口兴业银行倒闭"，谣言不胫而走，杭市顿起恐慌，兑钞

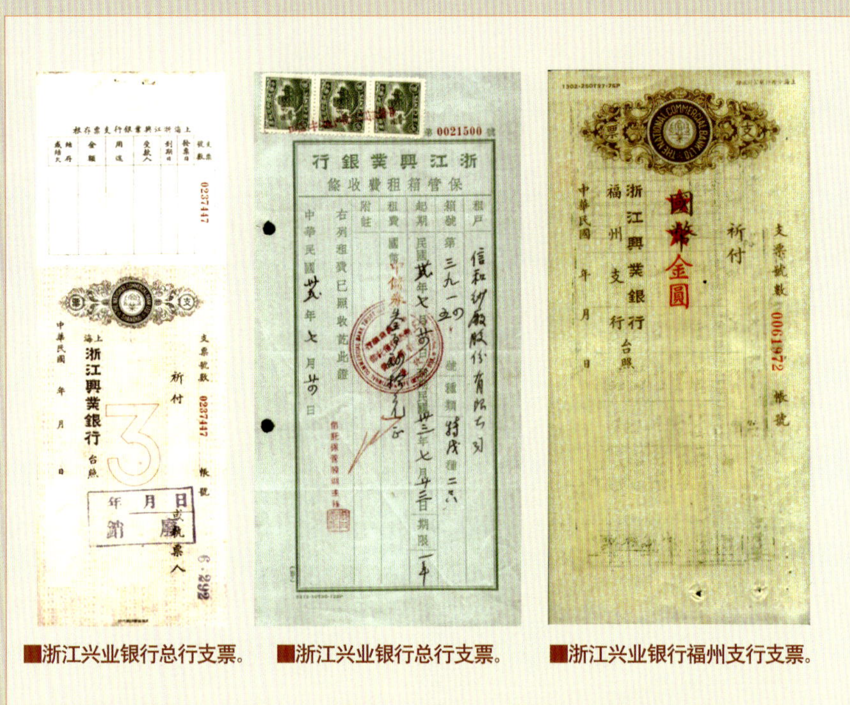

■浙江兴业银行总行支票。 ■浙江兴业银行总行支票。 ■浙江兴业银行福州支行支票。

提存，纷至沓来。时杭州总行发行钞票约60万元，活期存款50万元，各种票据30万元，而库存现银仅30余万元，沪行闻讯，复运10万元现银以济。并急电告知：无论现水多寡，将存放同业之款悉数贴回以应（此数约50万元）。抑卮先生又电告海筹出家中存银，用担挑去银行，招摇过市，以冀稳定人心于万一。谁知10月14、15两日，杭总行兑出现银竟达70余万元，库存即将告罄。多方求援，得金润泉、陈叔通、项兰生诸君之助，从大清银行杭州分行和两浙盐运使署借到巨款35万元。到10月18日，浙兴杭州总行所有发行的钞票，活期存款，几乎全数兑尽，所剩余款大多属浙路公司，可以暂缓支付，而营业未尝一日休止，挤兑风潮遂告平息。

汉口商民避乱来沪，手持印有“汉口”字样的浙兴钞票，纷纷要求沪行兑现，为顾全信用计，如数尽兑。当时沪行资产负债相抵，不足之数近85万余元，虽经在沪董事蒋孟频、股东王达甫多方筹措接济，然相差仍远。湖南民军接踵而起，清廷重兵南下，沪上人心惶惶，金融界更是岌岌不可终日。10月末的一天，早6点，信成银行偕某银行来人要求浙兴沪行与他们同时暂告休业，抑卮先生独持异议，慷慨陈言："必须维持营业，取信于市"。是日，库存仅3万余元，9点钟捕房来询是否开业，如仍开业，当派捕警维持秩序，抑卮毅然应可。乃出私产以应市，又邀袁观海先生多方奔走，居然借到巨款，自朝至暮兑现者络绎不绝，秩序井然，兑毕满意而去。1911年11月5日（农历九月十四日）杭州光复，汤寿潜出任浙江军政府第一任都督。浙江沪行乃委托蒋抑卮求援于汤。时江浙联军出兵攻打南京，需用银元发饷，汤下令将浙江省藩库、运使库、粮道库的现银悉数交浙兴杭州总行转运到沪，银子一到浙兴沪行大门口，挤兑人群当即散去大半。至此，三行面临的挤兑风潮彻底平息。三行定期存款虽尚有140余万元，有三库巨款作后盾，当亦无虞。而沪行总理樊时勋凭丰富的阅历预计"洋厘"（指外汇利率）必涨，乃买进一个月的外汇期货100万元，7钱4分买进，8钱出关，仅此一笔，浙江兴业银行到年底反而获利不少。

辛亥鼎革，银行钱庄倒闭者不少，前述信成银行，还有大通银行均属其列。浙江兴业银行奋力应变，在这场大风暴中顺利渡过，从此信誉鹊起，同行称羡。

◎叶揆初

兴业银行总理叶揆初先生，杭州人，其父曾在汉口设银号、当铺，在杭州开设乾源金铺，1933年以后，蒋抑卮先生次女思壹成了叶揆初的长媳，两家交谊逾深。

汉口为九省通衢工商集中之地。浙路公司为了解决路轨供应，希望"浙兴"投资汉阳铁厂。1908年5月，浙兴在汉口设分行，汤梯云为首任总理。8月，又在上海设分行，以便浙路公司采办各项物资，也为面向外商开展外汇业务作准备，樊时勋为第一任沪行总理，行址设在南京路冠生园食品店旧址。于是杭州"浙兴"改称总行。1907年夏"浙兴"委托蒋抑卮、胡藻青、沈新三等四十余人组团去汉口，考察汉冶萍工厂矿山，蒋抑卮主持审核汉阳铁厂的账目，终以条件不符而形成蒋、胡、沈个人投资的局面。此行意外收获却是经汉阳铁厂经理李维格介绍，认识当时也在该厂考察的叶揆初，双方一见如故，相约赴沪。第二年"浙兴"沪行开设，叶揆初与蒋、胡、樊诸君朝夕相见，尽悉"浙兴"之人事、机构、经营业务，年底适逢汉行汤先生辞职，翌年，胡藻青特邀叶出任汉口分行总理。叶公务在身，固辞不克，乃允遥领，委托童年好友项兰生主持汉行事务。当时项兰生已由安定学校教授改任“浙兴”汉行经理。项为人治事严明，与同人相处，恒以道德学问相砥励，整饬行纪，习勤习俭，堪称树“浙兴”一代之风范。

1909年蒋抑卮替其父海筹进入“浙兴”董事会。按章程持50股者，亦可当选董事，1912年7月，叶揆初第一次当选董事，被委为汉行总理。时“浙兴”汉行停业已久，叶、蒋联袂赴汉，筹划复业。两家各出私产，押款启营，汉市商业银行开业者唯“浙兴”一家，信誉乃得重振。是年股东常会上，蒋抑卮对辛亥事变提出报告并指示，清商律已废，民国继立，“浙兴”章程宜重新修订，权力分散之弊在辛亥事变中暴露无遗，组织体制宜作适当调整。众议同意，举蒋抑卮执笔。1915年蒋抑卮在杭州灵隐韬光，花一周时间与叶揆初、沈新三、项兰生等人草拟章程，8月，经股东常会逐条讨论修改通过。其要如下：

改上海分行为本行，杭州、汉口、天津、北京各行为分行。股东大会选七人组成董事会，三年一任，连选连任。董事会为总办事处制，举三人为办事董事三人中再举一人为董事长，负责对外，并掌全行重大事务裁决权。总办事处设书记长一人，下设各部。常会推选叶揆初、樊时勋、蒋抑卮、胡藻青、周湘舲、张澹如、王芗泉七人组成董事会，举叶、樊、蒋为办事董事，推叶揆初为董事长，从此开创叶、蒋联合掌权推行改革局面。他们广罗人才，锐意进取，分支机构遍设大江南北重要城市，着意扶植民族工商业，在激烈竞争中“浙兴”逐步进入全盛时期。1921年，董事增加为十一人，办事董事为五人；1923年以后，总办事处制改为总行制，上海本行改为总行，书记长一职改称总行总经理；1931年以后，办事董事改称常务董事。组织人事迭变而叶揆初的董事长、蒋抑卮的常务董事始终不变。

叶揆初（1874—1949），名景葵，字揆初，1903年中进士。17岁，少年丧妻；1893年（清光绪十九年正月）赴济南就婚，续娶朱钟琪之女。朱与赵尔萃为兄弟，尔萃长兄赵尔巽为清廷重臣，见揆初才智过人，非常赏识。赵尔巽调任奉天（清王朝陪都，今沈阳市），授盛京将军，1905年招揆初为将军府总办文案，兼会办财政局事。其间参与浙江铁路公司在东北三省浙人中间集股事宜，招股银11万余元。1906年，复承汤寿潜函托，招募浙江兴业银行股份，叶本人不知银行业究系何物，三省人士更无从知晓，为了家乡事业，自认股银5000元（即50股）。1908年，赵尔巽调任四川总督，委叶为驻沪四川转运局总办，得便经常光

■叶揆初（1874-1949）

临浙兴沪行旧址，乃和蒋、胡、樊等人熟悉，每每参与议事，无所拘束。1911年春，叶奉清廷旨调度支部，署理造币厂监督，三个月后，以正四品京堂候补，实授大清银行正监督（相当于总裁）。辛亥事发，解职归里侍亲。1912年7月进入“浙兴”董事会，领汉行总理。1914年，浙江铁路收归国有，浙路公司与北洋政府订约，成立商股股款清理处，经蒋抑卮推举，叶任清理处主任 。浙路公司持“浙兴”股票4453股，由公司董事会委托律师登报投标兑买，蒋抑卮出价独高，全为所得，连旧认个人股10万元（即1000股），共占本行股份二分之一，遂为最大多数之股东。事实上蒋抑卮调动蒋广昌绸庄的资金，高价购进这批股票，代表蒋氏家族持有“浙兴”总股份的54.43%。这就巩固了蒋抑卮在“浙兴”的实权地位，他的常务董事一职连选连任当与此有关。

1915年董事会改选，蒋抑卮力举叶揆初为董事长，论者多以蒋抑卮虚心让贤，难能可贵。而蒋抑卮在家多次谈到，叶揆初不论学问、阅历、社会声望、财政经验，高出自己许多；尤其难得的是叶为人耿直，胸襟豁达，识见宏通，不矜细行，唯务远大，自奉俭约，待人唯诚。由他主持“浙兴”，应当是“浙兴”同人的幸事。

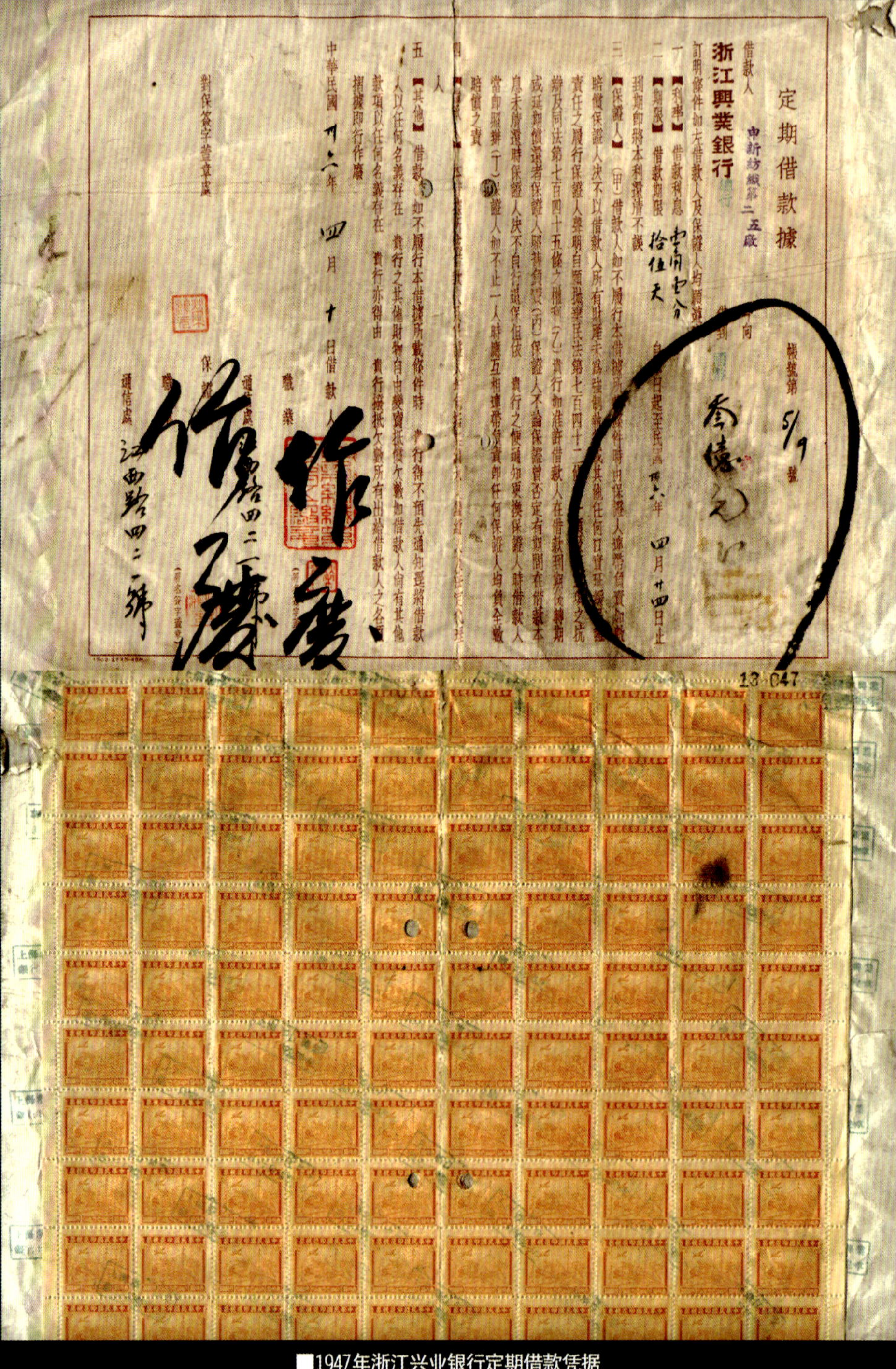
定期借款據

帳號第 5/9 號

借款人 申新紡織第二五廠

浙江興業銀行

訂期條件如左借款人及保證人均願遵守……向……借到……

一【利率】借款利息壹角壹分

二【期限】借款期限拾伍天 自……日起至民國卅六年四月廿四日止 到期即將本利還清不誤

三【保證人】(甲)借款人如不履行本借據所載條件時由保證人連帶負責如數賠償保證人決不以借款人所有財產未為強制執行……責任之履行保證人聲明自願拋棄民法第七百四十二條……辦及同法第七百四十五條之權利(乙)貴行如准許借款人在借款到期後轉期或延期償還者保證人照舊負責(丙)保證人不論保證實否定有期間在借款本息未清償時保證人決不自行退保但依貴行之便通知更換保證人時借款人當即照辦(丁)保證人如不止一人時應互相連帶負責即任何保證人均負全數賠償之責

四 [illegible]

五【其他】借款人如不履行本借據所載條件時貴行得不預先通知逕將借款人以任何名義存在貴行之其他財物自由變賣抵償欠數如借款人尚有其他款項以任何名義存在貴行亦得由貴行徑抵欠數所有出給借款人之各項根據即行作廢

中華民國卅六年四月十日借款人

職業

通信處

保證人

職業

通信處 江西路四二一號

對保簽字蓋章處

■1947年浙江兴业银行定期借款凭据

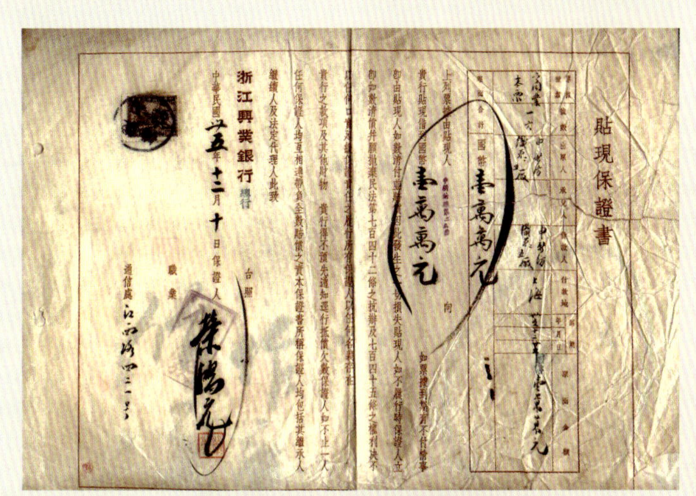

貼現保證書

浙江興業銀行 總行

中華民國三十五年十二月十日保證人

1946年浙江兴业银行贴现保证书

叶揆初、蒋抑卮联袂主“浙兴”期间，“浙兴”在浙江和上海金融界的声誉日隆。1915年12月袁世凯在北京称帝，中国银行和交通银行（1908年2月“交行”在北京正式开业）的存款不断被袁挪用。为了“筹备登基大典”，中国银行垫款1204万元，交通银行垫付竟达4750万元，中国银行钞票发行额飙升至3844万元。1916年3月23日帝制垮台；4月，北京、天津、上海等地发行挤兑。5月12日国务总理段祺瑞下令停止兑现，存款止付。消息传出，举国震惊，金融市场一片混乱。上海中国银行经理宋汉章、副经理张喜慠对于是否执行此乱命，当天下午就商于叶揆初、蒋抑卮、项兰生以及李馥荪（浙江地方实业银行上海分行经理）、陈光甫（上海商业蓄银行总经理）等上海银行业巨头，众口一词上海必须维护良好稳固的金融信誉，不可停兑止付。叶、蒋亦坚持认为可轩此乱命于不顾，并率先表示“浙兴”可用部分资产向外商银行和一般钱庄抵押筹款，以资“中行”。在“浙兴”和上海其他商业银行的支持下，宋、张采取一系列周密的保护性措施，并宣布：中国银行上海分行的钞票可随时兑付，到期存款一律付现银。另外，他们又争取到江苏省军政当局的支持和在沪外商银行同意透支200万元的承诺。5月13日，中国银行开门营业，挤兑人群风暴，像潮水般涌入大厅；到19日，再去兑现者已寥寥无几，一场挤兑风暴，得以平稳渡过，影响所及除京、津外，各地“中行”也都不受乱命。经此一役，“中行”上海分行成了反抗乱命的中流砥柱，对稳定全国金融市场起了重大作用，“浙兴”叶、蒋二人，胆识过人，敢冒风险，着眼上海银行界整体信誉，为业者称道。

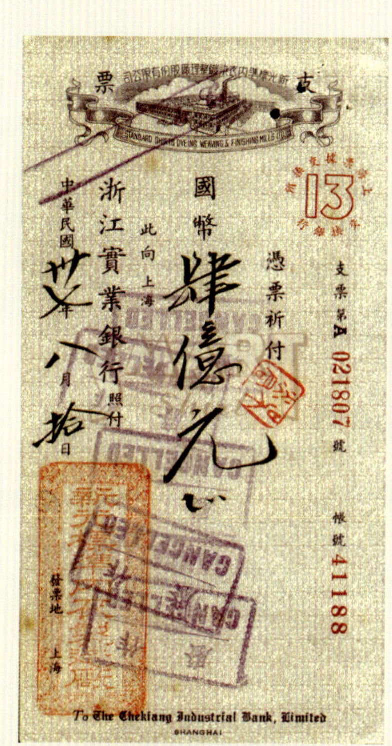
支票
國幣
浙江實業銀行
此向上海
憑票祈付
照付
支票第A 021807號
帳號 41188
中華民國 年 月 日
發票地 上海
To The Chekiang Industrial Bank, Limited
SHANGHAI

■1948年浙江实业银行支票。

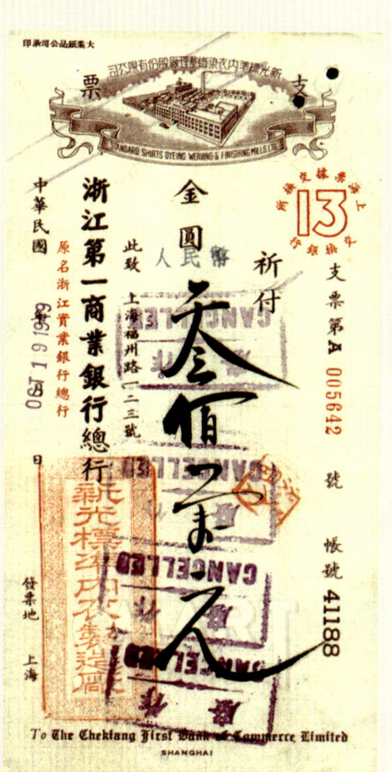
支票
金圓
人民幣
浙江第一商業銀行總行
原名浙江實業銀行總行
此致上海福州路一二三號
祈付
支票第A 005642號
帳號 41188
中華民國 年 月 日
發票地 上海
To The Chekiang First Bank of Commerce Limited
SHANGHAI

■1949年浙江第一商业银行（原名浙江实业银行）支票。

■浙江实业银行虹口分行铜牌

■浙江地方银行证章

1917年3月，浙江地方实业银行因内部改革涉及增资，引起商股和官股之间的争执，乃请浙兴出面调解，几经协商，数易方案，终于在1922年3月达成协议，官商拆股，官股称浙江地方银行，总行设在杭州，海门、兰溪设分行。商股称浙江实业银行，总管理处设上海，辖上海分行和汉口分行。“浙兴”调停，众皆赞之，显示出浙江兴业银行在民国银行界的地位。

■自右至左为1930年浙江兴业银行杭州分行经理徐行恭，后为总行总经理；副经理倪福保、罗敬义。

◎金润泉

金润泉（1878—1954），名百顺，萧山金西桥人。幼时家境清贫，十四五岁时，就到杭州盐桥乾泰钱庄做学徒，工作学习均极勤奋，连续在同兴、裕源、保泰钱庄工作十余年，升至副理。因同乡关系，得到韩景绥（元大钱庄经理）、汤寿潜、陈静斋（日本正金银行买办、杭州正祥盛绸庄老板、浙江省主席陈仪之父）和杭州钱业界的帮助、荐举，去北京活动，向杭州人汪大燮（清度支部长）谋在大清银行工作。

大清银行原名户部银行，早在1904年（清光绪三十年）清户部筹集资本400万两，采取各国银行章程，试办银行，“以为财币流转总汇之所”。1905年，户部银行正式在北京开业，这是我国第一家国家银行。1906年，户部改称度支部。1908年，户部银行改称大清银行，股本600万两，在各省设分行。

1908年，大清银行总行来杭州筹设大清银行浙江分行，派刘如辉（宇泰）为总办，金百顺（润泉）为经理。

1909年（清宣统元年）12月，大清银行浙江分行正式在杭州清河坊东太平巷内开业，金润泉从此开始银行经理生涯。同年4月，在温州设立了大清银行温

◎金润泉（1878-1954）

州分号。1911年1月，在宁波设立了大清银行宁波分号。

当时，浙江兴业银行（总行）早已于1907年在杭州成立，声誉日隆，存款总额已达200至300万元，主要是浙江铁路公司存款。还有浙江官银号也已于1908年在杭州开业，1909年改为浙江银行。它是省办银行，规定浙江官款出入、汇解划拨均归该行办理。因此，大清银行在浙江设立机构，已是第三家银行了。开业之初，因陋就简，类似钱庄，主要业务有：（1）代理国库，收解关税，数额不大；（2）发行银行券。开业第一年仅发行84459元，到1911年6月底，累计也仅182432元，仅及浙江兴业银行的14%。其他几无业务可言。

1911年10月，辛亥革命成功，浙江光复，大清银行浙江分行停业清理。总办刘如辉逃跑，由金润泉维持，在浙江军政府的公款公产清理机构领导下，成立"大清银行清理处"，按照"商欠依约收回，商存分期清理，官款不作清理，发行银元券全部收回"的原则，进行清理。

民国元年（1912）8月，北京中国银行开业，下设营业、文书、发行三局，调金润泉去北京，担任营业局主任 。

1913年，民国政府财政部钱币司通知中国银行，于奉天、河南、江苏、浙

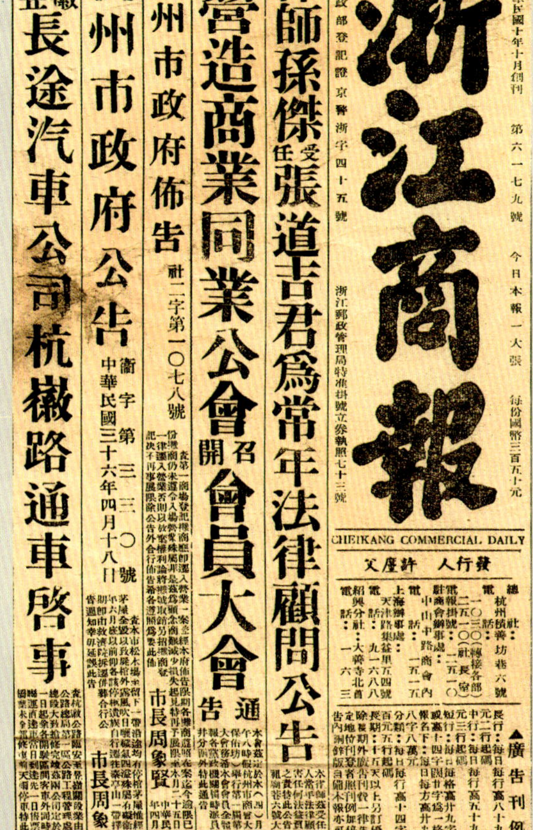

中華民國三十六年四月二十日

浙江商報

中華民國十年十月創刊　第六一七九號　今日本報一大張　每份國幣三百五十元

內政部登記證京警浙字四十五號　浙江郵政管理局特准掛號立券執照七十三號

CHEIKANG COMMERCIAL DAILY

發行人　許廑父

律師孫傑受任張道吉君為常年法律顧問公告

杭州市營造商業同業公會召開會員大會通告

杭州市政府佈告　社二字第一〇七八號

市長周象賢

杭州市政府公告　衛字第三三〇號　中華民國三十六年四月十八日

市長周象賢

杭徽歙昱長途汽車公司杭徽路通車啓事

廣告刊例

■金润泉创建的“浙江商报”，是浙江和杭州总商会机关报。

江、山东、四川等七处速设分行。总行乃派许引之为浙江分行筹备主任、金润泉为副主任，来杭州成立“筹备处”。全部筹备费仅2000元。许未到职，金润泉独任其事。筹备完竣，于9月15日（中秋节）在清河坊正式开业。当时库存现洋仅5万元，系向浙江兴业银行商借而来，并无“时兴银行之堆花洋钿”。2000元开办费，5万元库存，仅及一个中等规模的钱庄，这就是中国银行杭州分行的起步点，于此也奠定了勤俭持家的行风。总行在许引之之后续派金谨斋来任经理，实权仍在金润泉之手。1917年，又续派蔡谷清（名元康，蔡元培的堂弟）接任经理，但1921年蔡暴病身亡，金润泉乃由副经理升任中国银行杭州分行经理，并一直连任经理至1951年。

金润泉主持中国银行杭州分行时直接对工商业放款，支持丝绸业和丝织厂，杭州的鼎新、虎林、纬成、庆云，湖州的伦华、福隆、王仁和等都以中国银行货款得以发展。

金润泉主中国银行业绩突出，对社会公益慈善也十分积极，如“一·二八”事变时，办理难民收容所，壬戌水灾平粜粮米，杭城民众最称道的“钱江轮渡”，也是金润泉办的。晚清胡雪岩曾创办“木船义渡”不收渡费，金润泉

■上海闹市（20世纪30年代），招牌中有上海女子银行、四明保险公司、四明储蓄会，均为浙人所为

■银行运钞车（20世纪30年代）。

在其基础上，带头筹募捐款，购进汽轮，称“钱江轮渡”，过江旅客，特别是萧山、绍兴来杭者称便。

金润泉还是浙江省红十字会会长，杭州救火会会长，是杭州不少中、小学校的校董，还举办施药、施粥、施棺善举。

1930年8月重新成立杭州市银行同业公会，会员银行13家。金润泉被举为会长，连任到1949年为止。金润泉还被举为杭州市商会常委、理事长、会长，省工商联合会理事长。

1949年5月3日，杭州解放前夕，金曾数次与当局交涉，不要破坏电厂、水厂、大桥。

金润泉1954年病逝于上海，终年77岁。长子金观贤，曾任浙江建设银行总经理，次子金维贤曾在纽约中国银行工作，有三子一女。女癸辛，婿吕师简（吕公望之子）为上海文史馆馆员。孙金乐琦是“船王”董浩云的女婿（其妻即董建平），香港董氏集团董事、欧亚船厂总裁。

■吕公望（1879-1954）。

■浙军光复南京纪念银章。

■上海女子储蓄银行铝夹。

◎吕公望

吕公望（1879—1954），字戴之，永康人。辛亥革命中是攻克南京的浙江联军参谋长。1916年，继屈映光后任浙江省第五任督军。因军阀倾轧，不久即离职。曾办教育、开矿等。

1924年5月27日，吕公望与人合股的上海女子商业储蓄银行开业，资本为20万元，吕公望为董事长。1933年增资30万元，合计资本为50万元。1936年再增资50万元，合计资本100万元。

杭州老字号系列丛书·货币金融篇

FINANCE 货币金融篇

◎民国时期杭州的典当业、储蓄业、保险业和证券业◎

◎典当业

银行钱庄是社会经济周转之枢纽，其借贷利率低廉，但必须有相当抵押品或熟人介绍担保不可，其数目又须较大之整数，零奇小数，一概拒绝。故一般农工贫民借贷唯依赖典当，其利率固大，但迫于生计，也只有往来。

1933年杭市典当共有19家，散布于上、中、下城及江干、湖墅、拱埠等处，资本总额达1074000元，最大者为湖墅之寿昌典，资本达12万元。最小者为上城过军桥之永济典，资本仅35000元。其组合除东街路同康及缸儿巷咸康二家，系独资性质外，余19家均为合资。此19家典当行为裕通，成裕、保善、协济、善庆、善兴、同吉、聚和、永济、裕兴、同济、裕隆、咸康、同兴、秦昌、万丰、聚源、同康、天济。最早的裕通典创设于清同治六年（1867），最迟的为天济典创设于民国十五年（1926）。

■当铺的朝奉先生，掌当物生杀大权。

■当铺货柜一角，衣物都用油纸包好置于木架之上。

■取当手续齐备，必先录挂号簿，核实确切方能完璧归赵

甚宽大，对被帐等大件物品，不愿收受。而上城、湖墅、拱埠则可通融。而钟表因优劣难分，西装因出路欠佳，故多拒绝之。珠宝古玩等品，价值无定，真伪难辨，概不典质。

典当营业时间从上午7时至下午5时。典当营业与时局平稳动乱、年岁丰熟歉收大有关系。典当行业每遇时局紧张、年岁歉荒各业萧条之际反而盛旺。另一方面，典当业的流动资金全赖银行与钱庄供给，社会一有纷扰，首当其冲是金融界，货款利息率高，故典当也受影响。每年则以农历年关为最忙时期。典质时间定章为十八个月，利息随月二分。典质户到期付息换票，仍能续典。典当时期已过，无人事续，当铺将招商拍卖或自行出售。

杭州典当业还于民国十九年（1930年）8月成立有典业同业公会，会址在新民路典业银行内。

抗战后，杭城典当业因利息及典当开支，超过当货之月息，人民往往无力取赎，而服装式样更新快，使满货销路呆滞，经营者得不偿失，仅剩下济源富、源通富、民生当三家而已。

■当铺的学徒生活之一，每天须制若干木牌。

■当铺的字体自成一格，学徒每晚必须秉烛练习。

■计算月份及满期的大木牌，每月推换一次，姓氏照千字文作标准，那些推到“满”字上面的当物，只好自认命薄将永不能与故主相聚了。

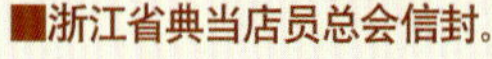
■浙江省典当店员总会信封。

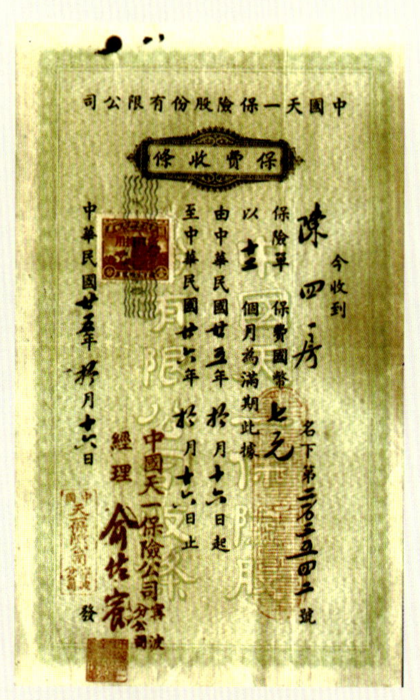

■中国天一保险股份有限公司宁波分公司之保单。

◎保险业

民国初期，街道尚未改良，自来水也未建设，火灾频起，商家为减轻意外损失，均求助于保险业，杭州保险业日见旺盛。民国八九年乃杭州保险业最发达之时。至民国十七八年后，街道改良，消防设备日见完备，火灾亦因之减少，商家为节省支出计，投保者也减少，而保险公司却日有增加。保户分散，营业已大不如前。1933年杭市共有保险公司35家，其中有中国、华兴、华安、太平洋、联保、通易、信托、赖安仁、宁绍等10家为国人自营；而太古、太阳、公平、百立太、泰隆、保兴、保隆、锦龙、中和、信礼、巴勒、祥兴、保慎、禅臣、联安、泰慎等16家系英商；美亚、美最时、美兴、花旗、友邦等5家为美商；礼和、祥泰、鲁麟为德商；永兴为法商。经理有一家数人者，也有一人兼任数家者，35家保险公司有44位经理。而最兴旺发达者首推中国银行行长金润泉之中国保险公司，信用卓著，投保者众。

抗战胜利后，时局不稳，房屋缺乏，房产价值高，业主对保险特别关注，杭城保险业十分旺盛。执业者均有工商部、商业部执照，或向经济部登记。依据保险法、保险业法、苏浙皖京火险保价法规、火险实价施行办法、中国棉花保价规

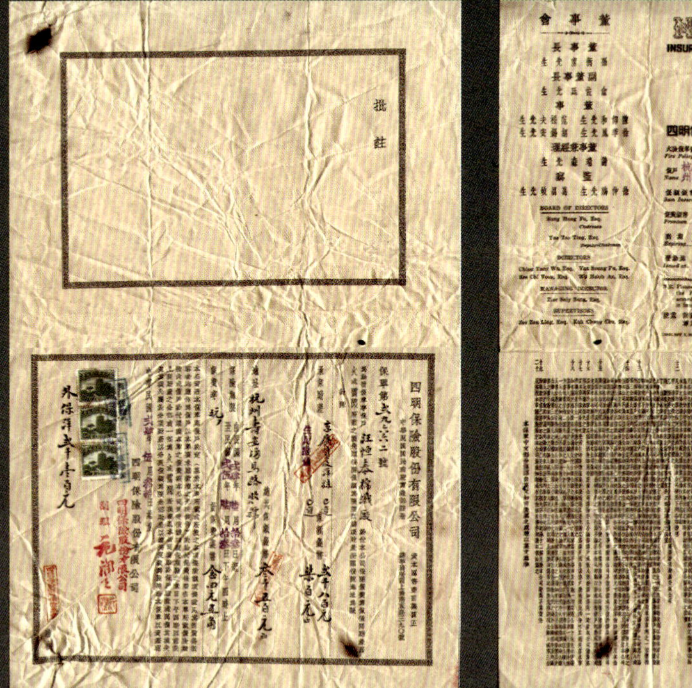

■四明保险股份有限公司对杭州汪恒泰棉织厂的保单（1935）

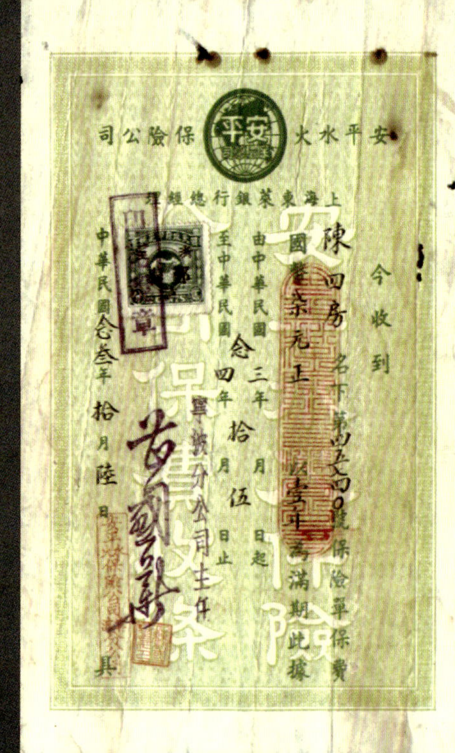

■安平水火保险公司宁波公司保险费收据。

民国二十七年（1938）九月上海市保险业业余联谊会第一届征求会员大会优胜纪念铜牌。

保险业公会银质证章。

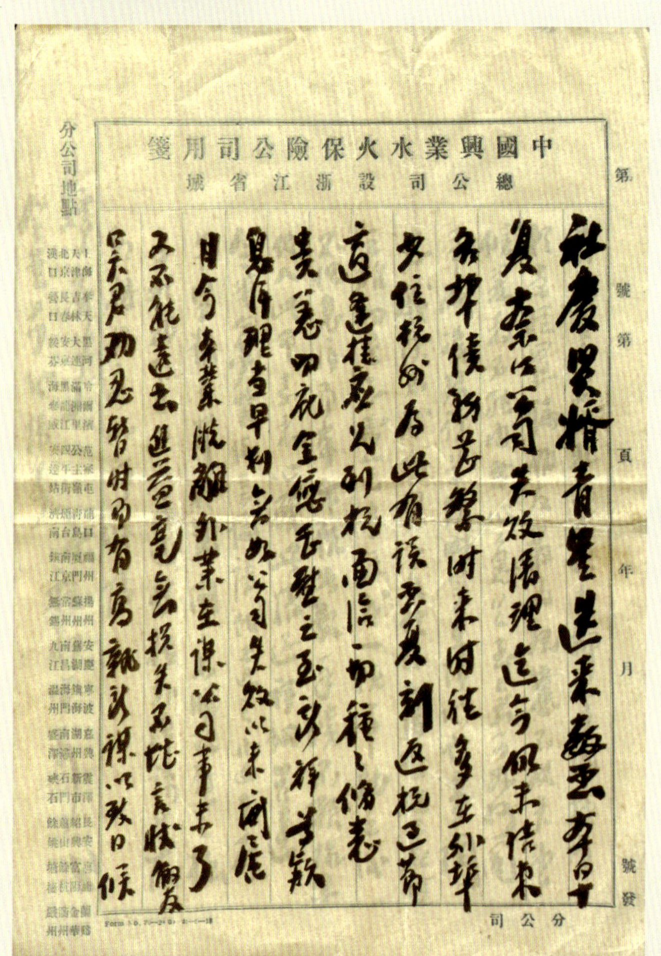

中國興業水火保險公司用箋

總公司設浙江省城

分公司地點

第　　號第　　頁

年　　月　　號發

分公司

总公司设于杭州的中国兴业水火保险公司信笺，其分公司有数十家之多，遍布江南各省。

率等条款办理，赔款公证评断，比较公正。

1946年《浙江工商年鉴》载：杭州当时有大信、上海联保、太平、太安、太平洋、中央信托局、中国产物、中国天一、中国保平、中国农业、中国海上产物、中华、平安、四明、永中、永宁、民生、安平、光华、长城、亚洲、浙江产物、寿山、福安、宝隆、丰盛等26家保险公司，经理已成清一色中方管理人员。

◎储蓄业

民国时期杭州的储蓄机构有银行储蓄部、邮政储金汇业局及储蓄会三种。银行储蓄部，以浙江兴业银行设立最早，创办于光绪三十三年（1907）。民国初年以后，各行相继涌起附设储蓄部，计有浙江地方银行、浙江商业银行、浙江典业银行、交通银行、中国农工银行、大陆银行、盐业银行、中南银行、中国实业银行等12家，其中浙江商业储蓄银行，乃专营储蓄之银行。邮政储金汇业局，创建于民国八年（1919），当时仅在官巷口、南星桥及总局三处附设办理，嗣后各分局亦陆续设立储蓄业务。储蓄会有二家，万国储蓄会总会设上海，杭州为分会，创建于民国元年（1912），华商中法储蓄会之总会设在北平，杭市所设分会，始创于民国十五年。据1933年统计，总计以上三种储蓄机构，在杭城共有储户四万四千四百零二户，储金四百八十一万二千七百三十一元。平均每户储户约储金一百零八元四角，若与当时杭城普通户数九万八千二百八十户（1932年4月）比较，则储户数约占全市普通户数百分之四十五左右，以全市人口数四十万九千二百五十六人计，则全市市民每人仅储金九元八角零，可略见民国时期杭城经济发展和人民富裕程度之一斑。每家储户储金为一百零八元四角，1931年杭城全年粳米平均价每担为11.48元，也可窥见杭州市民的富裕程度。

杭城银行储蓄1931年统计，有储户四万零三百十六户，储金计四百三十三万五千二百七十四元，平均每户一百零七元五角。储蓄的种类有活期存款、零存整付、整存零付、整存活期、劳工储蓄、证券储金、特种定期、存本付息、特种零存整付、定期存款、行员储金、往来存款、活期储蓄、长期储蓄等十余种。各行储蓄利息高低不一，银行信用较著者，一般利息较低；而银行为吸纳社会游资起见，则利息较高。

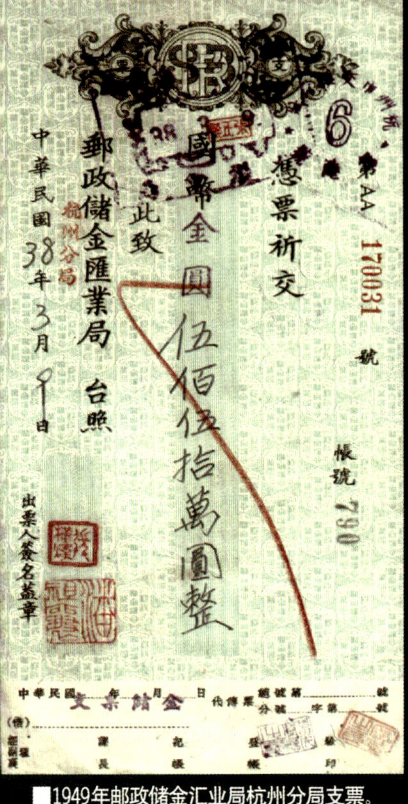

郵政儲金匯業局杭州分局

第AA 170031號

憑票祈交

國幣金圓伍佰伍拾萬圓整

此致

郵政儲金匯業局 台照

中華民國38年3月9日

帳號 790

出票人簽名蓋章

■1949年邮政储金汇业局杭州分局支票。

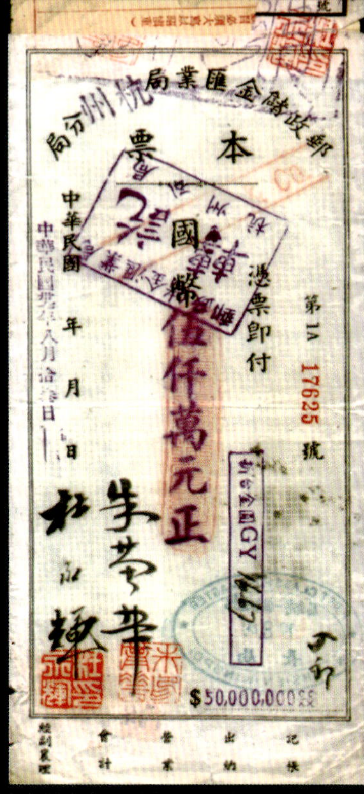

郵政儲金匯業局杭州分局

本票

第1A 17625號

憑票即付

國幣伍仟萬元正

中華民國 年 月 日

$50,000,000

■1948年邮政储金汇业局杭州分局本票。

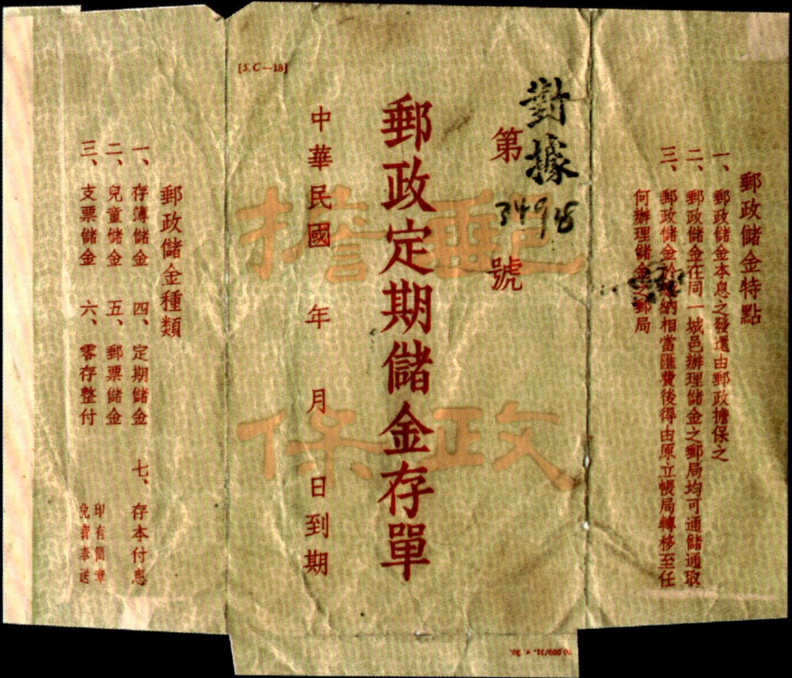

郵政儲金種類

一、存簿儲金　四、定期儲金　七、存本付息

二、兒童儲金　五、郵票儲金

三、支票儲金　六、零存整付

印有簡章 免費奉送

[S.C—18]

郵政定期儲金存單

中華民國 年 月 日到期

第 號

郵政儲金特點

一、郵政儲金本息之發還由郵政擔保之

二、郵政儲金在同一城邑辦理儲金之郵局均可通儲通取

三、郵政儲金於繳納相當匯費後得由原立帳局轉移至任何辦理儲金之郵局

■邮政定期储金存单。

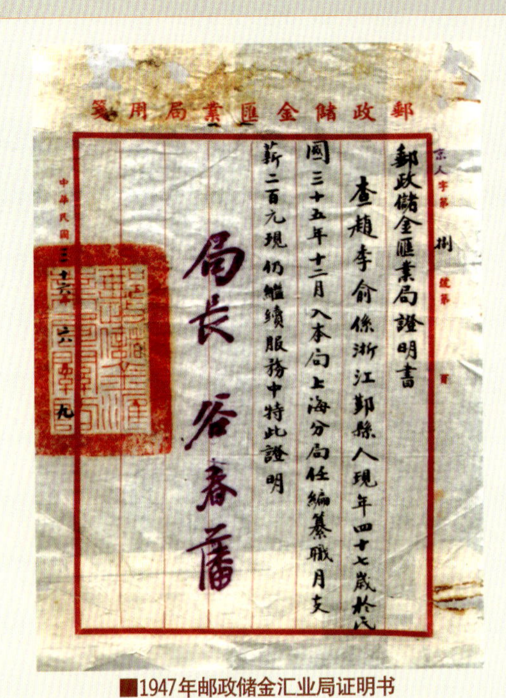

郵政儲金匯業局用箋

郵政儲金匯業局證明書

查趙李俞係浙江鄞縣人現年四十七歲於民國三十五年十二月入本局上海分局任編纂職月支薪二百元現仍繼續服務中特此證明

局長 谷春藩

中華民國三十六年六月九日

■1947年邮政储金汇业局证明书

杭州邮政储蓄

1932年的杭州邮政储蓄全市共有浙江邮政储金局、杭县官巷口邮政储金局、杭县清河坊邮政储金局、杭县皮市巷邮政储金局、杭县龙翔桥邮政储金局、南星桥邮政储金局、笕桥邮政储金局七处储金局，共有储户二千二百九十九户，储金三十九万七千六百零七元六角九分，平均每户约有储金一百七十三元。每年利息四厘五毫，每年在六月和十二月结算二次。

七家邮政储金局最早的是民国八年（1919）10月设立，最迟民国二十年（1931）8月设立。

杭州的储蓄会储蓄

1932年的杭州储蓄会，有设于上珠宝巷创立于民国元年（1912）7月的万国储蓄会杭州分会，设于泗水巷桥创立于民国十五年（1926）2月的华商中法储蓄会杭州分会。储蓄会的储蓄与前两种储蓄办法不同，前两种储蓄，全以母子利息相生为目的；而储蓄会则以中奖为目的，含有投机心理，此为最大不同。两家共有储户一千七百八十七户，储金七万九千八百五十元，平均每户储金四十余元，较前两种均低。

杭州老字号系列丛书·货币金融篇

FINANCE 货币金融篇

◎民国时期杭州流通的货币◎

民国时杭市各项交易，均以银元为主币，而元宝之类宝银早已绝迹，对于沪市交易，仍恒沿用规元银两，其余也是以银元折合银两而已。杭市与其他各地交易，也以银元为主币。

杭州市内流通货币种类不一，大致可分硬币与纸币二种。

◎硬　币

1933年《杭州市经济调查》载：杭州流通的硬币主币为银元及辅币，有双角、单角、铜元、制钱五种。银元以总理纪念币流通最广，袁头币次之，江南造币又次之，龙洋、墨洋已不多见。双角以广东九年毫洋最多，七年次之，其他角洋鲜见。单角流通市面较稀，以前清之浙江湖北老角最多。当十铜元，种类繁多，以前清各省铸造者数额最巨，大清户部铜元次之，民国开国纪念铜元又次之。外圆方孔之制钱名目虽存，实际市面基本不用。

各种硬币重量及成色，当时都有计量化验。

民国时期杭州流通银元重量成色比较表（摘自《杭州市经济调查》）

币别	重量	单位库平钱成色（%）	备注（每元含银）
广东龙洋	7.245	89.96	6.540
湖北龙洋	7.226	90.10	6.520
江南龙洋	7.243	89.95	6.538
北洋机器局龙洋	7.289	89.00	6.492
北洋分局龙洋	7.296	88.89	6.582
奉天机器局龙洋	7.249	84.35	6.207
东三省龙洋	7.191	88.95	6.400
吉林龙洋	6.988	88.94	6.178
四川龙洋	7.197	88.68	6.437
安徽龙洋	7.229	88.72	6.477
天津造币总厂龙洋	7.209	90.03	6.521
大清银币	7.200	90.00	6.84
日本银币	7.212	89.74	6.437
香港银币	7.243	89.40	6.478
墨西哥银币甲	7.284	90.19	6.569
墨西哥银币乙	7.222	90.47	6.534
民三袁币	7.204	88.00	6.340
民八袁币	7.163	88.00	6.303
民九袁币	7.181	88.00	6.318
民十袁币	7.203	88.00	6.339
杭厂总理甲	7.122	89.15	6.420
杭厂总理乙	7.201	89.15	6.487
杭厂总理丙	7.276	89.15	6.847

■晚清民国杭州流通的龙洋：自左至右依次为湖北省造宣统元宝，四川省造宣统元宝，广东省造宣统元宝。

■晚清民国杭州流通的龙洋：自左至右依次为湖北省造光绪元宝，四川省造光绪元宝，广东省造光绪元宝。

■晚清民国杭州流通的龙洋：自左至右依次为造币总厂造光绪元宝，宣统三年大清银币，江南省造光绪元宝。

■民国时期杭州流通的银元：自左至右依次为中华民国开国纪念孙中山头像银元，中华民国二十二年孙像帆船银元，中华民国三年袁世凯头像银元，孙像银元多为杭州造币厂铸造。

■民国上海股票交易所交易场旧影，杭城股民委托证券商可直接在杭的证券所炒股。

1933年的《杭州市经济调查》中，还有当时在杭州流通的民国七年、民国八年、民国八年（劣币）、民国九年、民国九年（劣币）、民国十年、民国十一年各种双角银币；湖北大清币、江南大清币、广东大清币、福州袁像币、北平袁像币、浙江十三年币、广东十一年币各种单角银币的重量成色比较表，以及浙江、江苏、江西、广东、北洋、福建清末各种当十铜元，旗与嘉禾、旗与圆花，湖南星形各种当十铜元的最重、最轻，二十枚均重，最重铜元含铜百分比，最轻铜元含铜百分比，最重铜元含铜重量，最轻铜元含铜重量，最重最轻铜元重量差，最重最轻铜元铜色差的"各种当十铜元重量成色比较表"。

这些都说明民国时期杭州的市场发达，金融业的各种制度比较规范。民国政府对货币使用始终无定制，各种硬币的成色、重量比较，可以优币驱逐劣币，劣币逐渐被淘汰，并防止私铸劣币充斥市场，农民、市民免受其害。

从1919年到1932年间杭州造币厂代上海各银行铸币，杭州与上海金融息脉相通，两地银两货币运入输出，往来解运十分频繁。

中央銀行
壹分
中華民國二十八年

中央銀行
伍分
中華民國二十八年

中央銀行
L059630V
壹角
每拾角兌付國幣壹圓

中央銀行
E824071A
貳角
每拾角兌付國幣壹圓

中央银行发行的纸币

■申市交易所代理人第24号银质证章

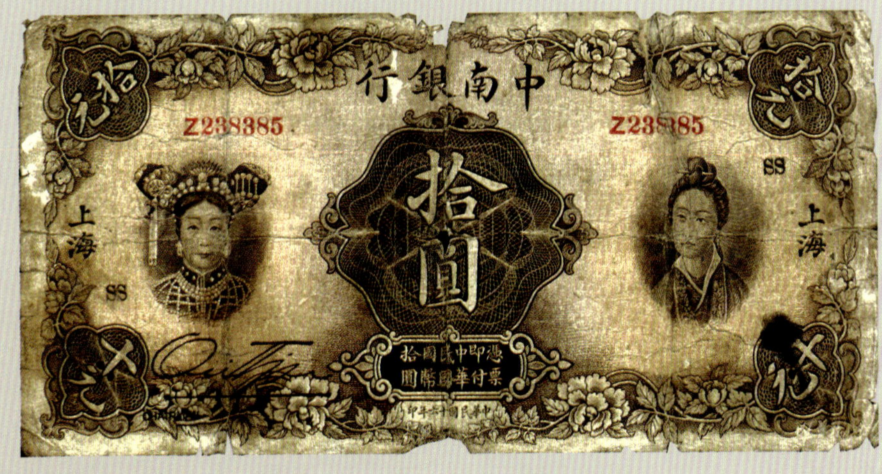

■杭州流通的民国十六年中南银行拾圆纸币

◎纸　币

1933年的《杭州市经济调查》，对民国时期杭州流通的纸币也有记载，其时，杭州金融市场颇为稳定，纸币流通最广者，首推中央、中国、交通、中南等四种，浙江兴业、中国实业、中国通商、四明、垦业等次之。外国发行的纸币，如花旗、汇丰、美丰、麦加利、华比、荷兰、有利在杭州时有流通，但为数甚少。

各种纸币票面数额，以十元、五元、一元据多，百元、五十元、二十元则罕有流通，而五角、二角、一角等大洋券，仅有"中央"、"中国"、"交通"、"中南"等四种。其流通数额，以"中央"、"交通"、"中国"最多，"中南"次之。

中央銀行
上海
上海
G632512B
伍圓
憑票即付國幣伍圓
G632512B
中華民國十九年印

中央銀行
DC852800
DC852800
壹仟圓
中華民國三十四年印

中央銀行
AW401480
AW401480
伍仟圓
中華民國三十四年印

中央銀行
BM606783
BM606783
壹萬圓
中華民國三十六年印

民国时期杭州流通的民国二年中国银行兑换券壹元

◎中央银行兑换券和法币

中央银行是孙中山在1924年8月15日在广州设立的，宋子文任行长，黄隆生、林丽生为副行长。发行由美国钞票公司印制的民国十二年版的银元兑换券，为孙中山领导的革命政府及北阀战争提供了巨大的行政和军费开支。以后在福建、汉口等地又发行了民国15年版的通用大洋券和临时兑换券，为陆续攻占各省时流通使用。

蒋介石“四·一二”反革命政变后，在南京成立国民政府。1928年11月1日另设中央银行于上海，颁布中央银行法，规定中央银行为国家银行，资本定为2000万元，宋子文任财政部长兼中央银行总裁，发行美国钞票公司印的民国17年版新币。

1935年11月4日，施行法币政策，取消银本位制，规定以中央、中国、交通银行，后又增加中国农民银行发行的纸币为法币。并限制各省地方银行及商业银行纸币的流通，同时陆续以法币将其兑换回收。纸币的发行由原来的四十多家，集中到四家银行，相对地统一了全国货币的发行，这是各国货币发展的共同趋势，所以是一种进步的倾向。当时由于印钞来不及，暂时利用中国农工银行及四明银行已印就的纸币，加盖中央银行印记发行。

1927年7月1日，全国纸币的发行更集中到中央银行独家。当时在市面上流通的还有中央银行关金券和东北九省流通券等，直到1948年实行金圆券为止。中央银行集中发行后的法币由1942年到1948年期间共有13家印刷厂印制，达80多种。

中國銀行
2946218
壹角

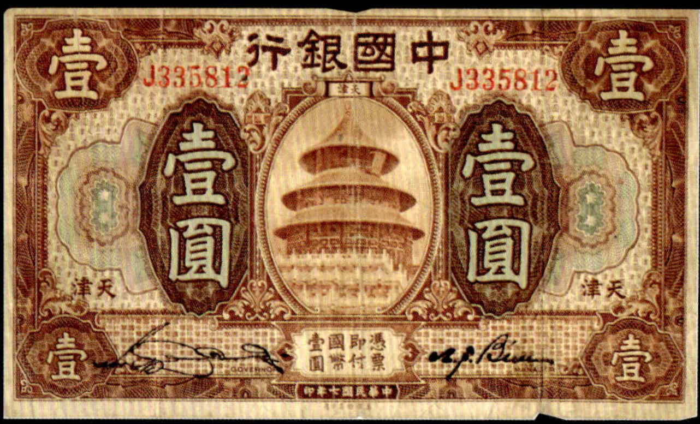
中國銀行
J335812
壹圓
天津
憑票即付國幣壹圓

中國銀行
B743265
伍圓
上海
憑票即付國幣伍圓
GENERAL MANAGER
MANAGER

中國銀行
Z276592
伍圓
上海
浙建
37
憑票國幣伍圓

■中国银行发行的纸币。

上海中國銀行兌換券發行準備金公開第八十七次檢查報告

上海中國銀行發行準備檢查委員會第八十七次檢查報告

本會依據規則檢查上海中國銀行本行發行及聯行領用兌換券準備專庫業於民國二十四年五月二十六日由財政部錢幣司司長徐堪上海市商會代表王延松魏雲卿上海銀行業同業公會代表吳蔚如胡筆江上海錢業同業公會代表王懷廉錢遠聲領券各行莊代表孫景西盛子泉本行董事監察人代表陳光甫徐寄廎李馥蓀會同會計師王梓康在該行舉行第八十七次檢查茲將檢查結果分列於左

兌換券發行總額 壹萬壹千貳百肆拾貳萬捌千壹百貳拾叁元

內計

本行發行數 柒千玖百萬零零捌千肆百柒拾玖元

聯行領用數 壹千捌百叁拾肆萬玖千陸百肆拾玖元

各行莊領用數 壹千伍百零陸萬玖千玖百玖拾伍元

除各行莊領用部分按照原定辦法另行檢查外此次檢查本聯行部分如左

本行發行及聯行領用額 玖千柒百叁拾伍萬捌千壹百貳拾捌元

本聯行兌換券準備金額 玖千柒百叁拾伍萬捌千壹百貳拾捌元

內計

■1935年5月26日上海中国银行兑换券发行准备金公开第八十七次检查报告。

◎中国银行纸币

中国银行成立于民国元年，系由大清银行演变而来，总行设在北京， 在全国各省会均设有分行，属股份有限公司性质，资本总额600万元，政府认够半数。所发行的纸币信誉昭著，在当时事实上起到了中央银行的作用。第一版中国银行票，为大清银行李鸿章像的钞票加盖中国银行兑换券及地名后发行。后即由美国钞票公司印制中国银行黄帝像的票子。初期钞票种类繁多，有国币券、兑换券、小银圆券、铜元券等，且加盖地名。1935年11月4日实行法币政策，与中央、交通银行发行的纸币一起属于法币。

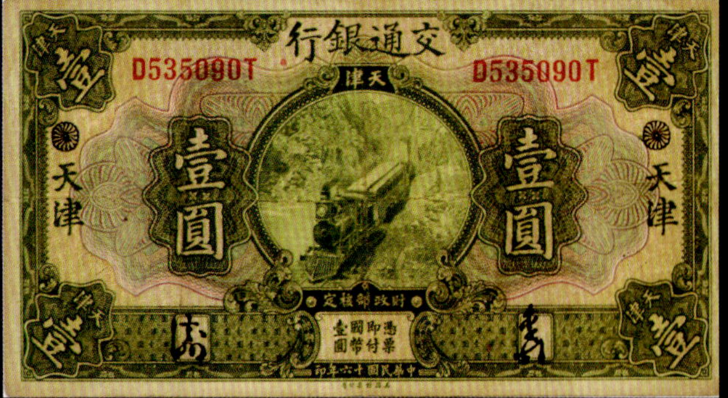
交通銀行
D535090T
天津
壹圓
財政部核定
憑票即付國幣壹圓
中華民國十六年印

交通銀行
N366657
伍圓
天津
財政部核定
憑票即付中華民國國幣伍圓

交通銀行
中華民國三年印
SA406827R
拾圓
財政部核定
憑票即付中華民國國幣拾圓
上海

交通銀行
Q148681
貳拾伍圓
中華民國三十年印

■交通银行发行的纸币。

■中央银行发行的关金券

◎交通银行纸币

交通银行是光绪三十三年（1907）由大清政府邮传部奏准设立的，第一位总理是李经楚，拟议中将轮、路、电、邮各局的存放款改由交通银行经理，属官商合办性质，资本500万两，发行钞票有银两券、银圆券、国币券、辅币券、小银圆券和铜元券六种。

据《交通银行三十年史清稿》载，银两券有一、二、三、四、五、十、二十、三十、四十、五十、一百两十一种；银圆券及国币券有一、五、十、二十、五十、一百元六种，辅币券有五分、一、二、五角四种，小银圆券有一、二、五、十、五十、一百、五百、一千角八种；铜元券有二十、三十、五十、一百、一百五十、二百、二百五十、三百、五百、一千枚十种；印制版数有银两券二版，银圆券及国币券除中国实业银行改印版外，计十一版，辅币券三版，小银圆券及铜元券各四版 。其中部分未见实物。

交通银行所发纸币以民国三年、民国十三年，民国十六年的地名券最为丰富，尤以上海、天津、山东地名券最多，并且颜色不同，有签字及盖章的区别。民国二十四年实行法币政策以后，发行的纸币比较统一，留存传世也较多。

■中国农民银行发行的纸币。

■中国农民银行发行的纸币

◎中国农民银行纸币

中国农民银行是1935年4月1日由豫鄂皖赣四省农民银行改组而成立的。它是蒋介石亲自创办，并由他自任该行的理事长。享有使用军事护照和军用交通的特权。在第二次国内革命战争和解放战争期间为国民党垫支军饷，收购军粮、发放农贷、办合作社、搞典当、贩卖鸦片等，并为国民党特务提供活动经费，它是蒋介石反共的御用机构。总行设在上海，后迁汉口及重庆，分支机构遍布全国各地。徐继庄、叶琢堂、顾翊群先后担任总经理。开业时不但发行早就由大业公司印好的辅币券，并发行湖北省银行等加盖中国农民银行印记的钞票，发行额达2300万元，不到二年，发行额猛增到二亿零六百万元。由于人民不信任，只好利用军队强制发行。1936年1月20日挤入中央、中国和交通银行的行列，使发行的钞票成为法币，流通于全国。

■民国二十年中国实业银行壹元纸币。

■民国二十年中国垦业银行壹元。

■中国农民银行发行的纸币

各个银行发行纸币，除自有银行设立兑换机关可以兑换银币外，未在杭设银行的纸币流通，其兑换机关，则委托各银行或钱庄代理兑换事宜，若本市无兑换机关之纸币，则商店往往拒用，或须贴水降价，而对于外国纸币，则不予计较，颇为奇怪。

民国时期杭市通用的整元纸币，以在江浙沪各银行发行者为限，而天津、北平、汉口、广州、福州等地发行者，各商店多不愿收受，或须贴水削价，而各种辅币券，则到处可以流通。

20世纪30年代，杭市各种纸币，信用尚著。而当“九·一八”、“一·二八”事变等时局不稳时，则银元坚挺，纸币在市面之信用往往动摇，时有挤兑之风。全赖银行公会彼此相助，挤兑之风才有抑制。1932“一·二八”事变时，中国银行发生挤兑，不久则告平静。

■民国十八年（1929）中国通商银行壹元纸币。

■民国十五年（1926）中国通商银行民国伍元纸币。

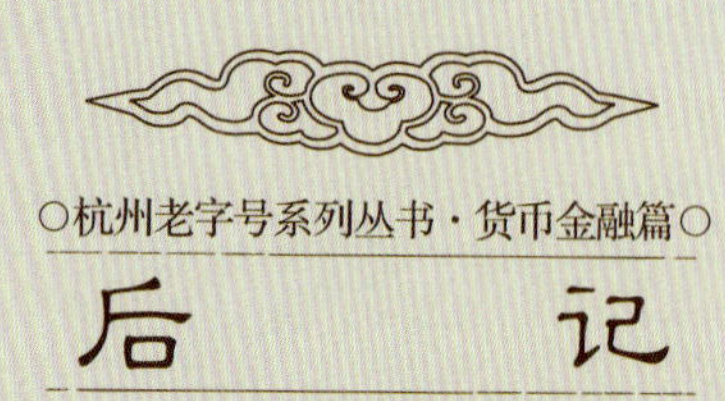

○杭州老字号系列丛书·货币金融篇○

后　　记

《杭州老字号系列丛书·货币金融篇》，其实是一部以杭州历史上曾经流通过的、使用过的货币、债务、股票等金融实物，银行、钱庄、保险业、杭籍银行家等杭州金融往事串联起来的杭州货币金融史。

从收藏的角度而言，杭州已经出版过许多关于钱币的书籍，其中绝大部分钱币图案，都是用极薄的宣纸在钱币上以墨拓下的拓片。这种古老的方法逼真再现了钱币的风貌，墨拓高手以拓片将钱币、铜板、银洋极细微处显示出来，是在照相、扫描技术没有发明前，钱币界最常使用的方法，但它毕竟没有现代照相和高精度扫描、全彩印刷下的钱币真实，能清晰地再现铜、铁、银、金各种钱币、银行证章、证会章熠熠生辉富有立体感的金属光泽，出土出水古币的幽幽铜绿，传世钱币无法复制的包浆传递给人们强烈的历史文化信息，而《杭州老字号系列丛书·货币金融篇》则是近年来深度挖掘杭州历史文化内涵非常难见的这么一部书。

这部书的绝大部分图片都来源自本人的庋藏，且这些钱币、债券、股票的实物又大部分源自杭州本地出土、出水或杭州的传世品。展现给读者的虽然只是薄薄的数百页，但这些钱币的寻觅却耗费笔者20余年的心血。这本书中的许多古币都是那时收藏的。这中间也有许多趣事，记得开挖疏浚中、东河的某一天早晨，我见一位农民工手持三枚出水铜钱向人兜售，讨价仅一元钱，先几个都不要，我接过来一看，其中一枚是行书的“靖康元宝”，一枚是“乾隆通宝背台钱”，那时电视上正播放“射雕英雄传”，当时我并不知道“靖康元宝”的珍贵，但却知道历史上金国俘虏宋徽宗、宋钦宗的“靖康之耻”，二话没说，立马掏钱购下。不一会儿一位资深的藏友闻讯高价求让，方知道自己得到一枚千载难逢的好钱。中东河出土的钱多且杂，什么朝代的古币乃至世界各地的钱币都有，用于本书，又恰恰反映了杭州悠远的历史，历代无数全国各省乃至世界各地到过杭州人群的遗存。

十数年下来，我专挑那些别人看似不起眼但有强烈历史文化气息的纸制品、证章收藏，把有限的财力用于当时别人不收藏的浙江晚清民国时期、抗战时期地方钱币、股票、证券上。从另一个角度看，这些特殊时期民族市场经济下的产物，恰恰是浙江作为市场大省的历史依据。由于中国近代战乱频繁，运动不断，这些藏品大多损毁殆尽，这些纸制品反而比埋在地下的金属钱币稀缺得多，也很难仿造。这些纸质的钱币、证券、股票首次面世，披露于本书，也是本书的一大特色。同样，本书中的许多银行老照片、证章，真实地再现了晚清民国杭州的金融业的风貌，也是近十年间我避开强势收藏家锋芒下的产物，这些当年别人不屑一顾的藏品，因有着强烈的历史文化信息而使本书生辉。

我写这部《杭州老字号系列丛书·货币金融篇》，除了运用本人积累的大量鲜活的鲜为人知的资料外，套一句现代生物技术的术语"一代杂交优势"，是在利用各种鲜活的有明确历史文化信息的钱币、股票、债券、银行证章、税收凭证来诠释杭州金融业，演绎杭州历史。

在这部小书即将付印之际，感谢多年来支持我积累资料的老领导马时雍、安志云、来坚巨、褚加福、洪航勇、何关新、高乙梁、王建华、吴德隆、程春建、金爽泉、陈海群、胡永林、陈月兴先生，感谢一直支持我写作的朋友西子联合控股有限公司董事长王水福先生，浙江图书馆朱海闽馆长、贾晓东副馆长，浙图古籍部童正伦主任、张素梅副主任，推广部陈溢主任，杭州图书馆褚树青馆长、特藏部王天梅主任，余杭图书馆李新华馆长、任晴副馆长、徐松娟书记敞开库藏，提供大量资料，由此特别致谢；感谢老字号协会的丁惠敏、路峰、徐敏、张中强、陈婉丽、戴伟领等同志以及浙大出版社李晶编辑的辛勤校勘、感谢杭州钱币界的知名专家温法仁、朱德水、钟旭洲、屠燕治、汪观林、王玉、林金木、陈立平、夏彤、沈丰双、冯甲初在本书写作过程中的大力支持，一并致谢。

赵大川

2008年1月

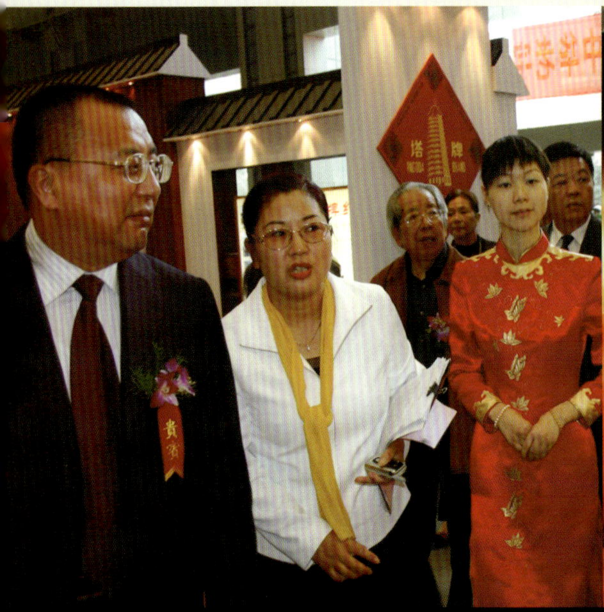

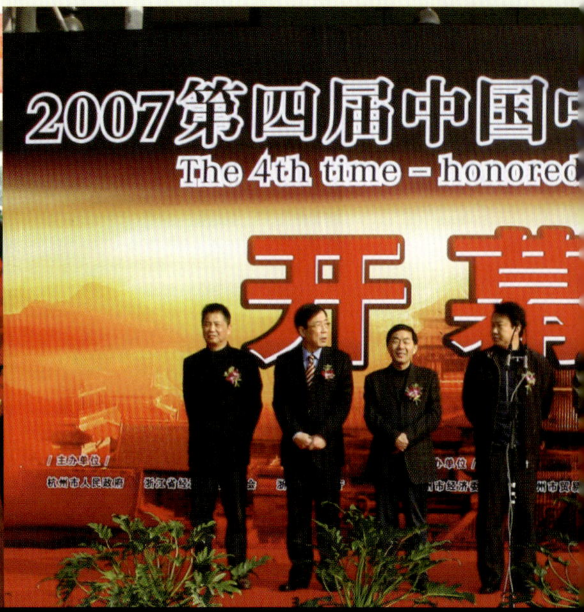

编　后　记

《杭州老字号系列丛书》在市政府以及社会各界人士的关心和支持下，历时两年余，终于编辑完成。

在这两年多时间里，《杭州老字号丛书编委会》编辑部人员也随着杭州老字号事业的振兴而共同成长，也深深地感受到了杭州老字号自强不息、奋力拼搏的激情和精神。现在的杭州老字号，它们都经历过历史岁月的洗礼，特别是在全球经济一体化的今天，杭州一些老字号取得了巨大的成功，它们雄风依旧，蜚声四海，还有很多老字号在新的经济形势下，调整整合，取得了良好的经营业绩和奋发向上的态势，我们看到了杭州老字号在改革开放中发生的历史性变化。

这套丛书的编辑出版，它的历史意义是在于对杭州老字号的历史脉络进行较为系统的梳理，得以对以往岁月中发生的人和事，有一个具体形象的描述；发掘鲜为人知的故事和珍贵的历史老照片，使读者有个全面的了解。它的现实意义就是

CHINA TIME-HORORED BRAND

对弘扬民族品牌，促进经济发展和保护百年金字招牌，传承和保护非物质文化遗产，等等，会起着积极的作用，并且用图文并茂的形式留住杭州老字号物质和精神的财富以及它们的非物质文化遗产。

《杭州老字号系列丛书》共分六个篇章，对杭州老字号作了详细、客观的系统介绍。

在编写这套丛书的两年多时间里，我们看到杭州市人民政府为杭州老字号的振兴和发展提供了一个很好的环境，杭州老字号也在这个环境中茁壮成长，这也是杭州市委、杭州市政府打造“历史文化名城”战略的其中之部分，杭州市政府出台了一系列振兴老字号的政策和举措，在全国率先推出《杭州市中山中路历史街区的保护规划》，为全面恢复保护杭州老字号和传统行业进行了法律形式的保护，各项振兴老字号的政策正在执行之中，并正在建立国家级的刀剪、扇业、伞业博物馆，2007年又在全国省会城市中第一个成立了“杭州市振兴老字号工作协调小组”，对杭州老字号事业的振兴和发展有了统一的认识和具体的领导，这也使杭州老字号坐上了开往春天的地铁。杭州老字号在国家商务部认定的首批“中华老字号”称号单位中的数量也是全国名列前茅。

杭州老字号企业协会为杭州市老字号的振兴和发展付出的巨大心血和努力。

杭州老字号企业协会是全国最早成立的老字号协会，协会成立以来以高度的历史使命感，不断地推动老字号事业的振兴，使杭州老字号工作走在全国的前列，被国家商务部评为全国中华老字号工作先进单位，一年一度的“中国中华老字号精品博览会”，为全国老字号搭建了展示百年风采的大舞台，年年有特色，届届有精彩，成为全国老字号的盛会。在2007年又帮助杭州中华老字号以崭新的姿态，参加日本东京“浙江省中华老字号日本展”，首开老字号走出国门之先河，面向国际展示了中国百年品牌的魅力；抢救杭州老字号的非物质文化遗产，宣传保护振兴老字号事业，为做大做强杭州老字号事业付出了艰辛的努力，也获得了卓越的成效。

改革开放30年以来，中国发生了历史性的巨变，杭州老字号的发展迎来了春天，杭州老字号也更积极地融入到了中华民族伟大复兴的滔滔洪流之中。

在本套丛书出版之际，我们衷心感谢中共浙江省委常委、中共杭州市委书记王国平同志在百忙之中为《杭州老字号系列丛书》作序，并深深地表达了他眷爱杭州、建设杭州之心；感谢世界著名历史地理学家陈桥驿教授为此书写的智慧之语，也感谢胡庆余堂、民生药业、方回春堂等中华老字号的帮助和支持；感谢为

此套丛书提供大量宝贵的历史史料和鲜为人知的历史照片、图片的老字号单位和个人；感谢作者赵大川、仲向平和宋宪章先生为了编写此书的不辞辛苦和无私奉献；感谢各学科的专家学者对丛书出版提供的知识支持；感谢浙江大学出版社的支持。

在《杭州老字号系列丛书》的编辑过程中，也得到了像葛许国这样很多的热心朋友的关心，杭州老字号企业协会和杭州市贸易局从选题策划到编辑出版付出了巨大的心血。

杭州老字号作为杭州工商业的精华和代表，作为浙商的组成部分，作为杭州的城市名片，其悠久的历史，深厚的文化底蕴和诚信立业的经营理念，远不是这套丛书能够全面涵盖和叙述的，其中难免有不足之处，敬请读者赐教。

杭州老字号丛书编辑委员会
2008年3月16日

○杭州老字号系列丛书○

专家感言

在中国，一向“重农轻商”，视商为贱。改革开放以来，在市场经济中，由于道德规范的错位与失落，商业行为的混乱和欺诈，对从商经商，创新产品，开拓市场，利国利己的商海拼搏，还仍然在理念上降格、在品位上看低。为了在今天的社会转型期，尽早改变这种落后的、不合时宜的观念，浙江省老字号企业协会和杭州市老字号企业协会，在省、市经委和杭州市贸易局的领导与策划下，在会长冯根生、秘书长丁惠敏等的积极倡导与艰苦努力下，为继承与弘扬老字号企业的优良传统做了很多工作，特别在组建机构、发展事业、调研立法、举办论坛、精品展览、出版书刊和保护品牌等方面，取得重大的进展和突破。

以前，关于“老字号”的一些书，往往忽视和看轻人物的作用和成就，对于他们的贡献和影响，总是略而不提，或者语焉不详。由于我国的传统向来不注重事物的起源和来历，对它的创始者特别是那些名不见经传的无名氏和小人物，不是忽略不计，便是有意无意地归功于荒古不可知之人，或说“上苍的旨意”，或说“神人、仙人的赐予”，或说“某种意外的巧合或突然的灵感”，等等。许多名、优、特产品，几乎都没有真正的创始者和发明人，人们要向他们学习和效法什么，也都不十分清楚。所以许多前辈先人的宝贵经验和知识积累，便在无形中被湮没和失传了，这是十分可惜的。

编印这套丛书的宗旨，是要抢救这一笔巨大的物质和精神的财富和遗产，让

它们永远在我们这一代人手中“定格”，让我们的后代子孙，一走进我们的“老字号”，便能懂得我们的先辈创业的维艰，守业的不易和拓展的困难，从而学到他们的精神品德，发扬而光大之。

这套丛书的主要特点是：“树人存史保传统，自主创新谋发展”。下面几点应引起我们的高度重视：

一是发掘和彰显创业者和掌门人的“以商兴民”、“以商兴国”的理想。商战是人生的大舞台之一，它最为惊心动魄，也最是波澜壮阔。在商战中也最能表现一个商人的思想、性格、谋略和才干，所以这套老字号丛书与众不同的最突出的特点，就是要表现商人的心灵世界和道德风尚。有不少资料表明，中华老字号之所以百年兴旺，长盛不衰，就因为创始者和掌门人善于驾驭风云变幻的商海竞争。这种竞争不仅出现在商家与商家、商家与家族内部，而且还出现在商家与达官贵人、商家与朝廷官府等极不相称的势力之中，甚至要与土匪、盗贼、兵痞、强人等这些不讲商家规则的势力反复斗争，与那些胆小怕事、见利忘义的胆小股东反复周旋，此外也要与商场中那些司空见惯的恶习譬如欺诈、蒙骗、以邻为壑、互设陷阱、大鱼

吕洪年　教授

1937年2月出生，浙江省新昌县人。现为浙江大学人文学院教授、浙江大学浙江省非物质文化遗产研究基地学术委员会副主任。并应聘任《中华老字号》杂志社学术指导委员、杭州市和浙江省非物质文化遗产保护工作专家库专家。先后出版论著5种、作品集6种。代表作有《江南口碑——从民间文学到民俗文化》、《万物之灵——中国崇拜文化考源》等。有评论称：“文献、考古、口碑互参互证，把口碑引入与考古、文献并列研究的范围，迈出了一条学术新路”。

吃小鱼等等展开既聪敏机智而又有弹性的斗争。一个商人如果不抱有爱国救民的理想，决不可能九死一生地坚持到底，一转念便可放弃这种担惊受怕的日子而“解甲归田”过起“采菊东篱下，悠然见南山”的怡然自得的田园生活来。所以一般老字号的领头人物，不是奇才便是精英。他们有的既是老板，又是慈善家。我们在编纂过程中，以人为本、发掘不同个性、不同经历、不同身世、不同成就的企业家，从而组成了一个前所未有的“人物长廊”，以激励千千万万的后继者。

二是发掘与弘扬儒商的“仁义”品格和“共赢共利” 的观念。中国的商人一般有点文化，不但能识字断文，有的还能赋诗作对，他们受儒家传统道德的教化和熏染，即使在激烈的商战中，也还遵循“过犹不及”和“穷寇勿追”的人生智慧、处世谋略和以“仁义”为代表的浓厚的传统道德意识。例如有的老板，在发迹之后，并不“一阔脸就变”，他们奉行“糟糠之妻不下堂”，对结发妻子的爱情始终不渝。有的老板始终充满仁爱情怀，奉行“滴水之恩涌泉相报”的信条，对自己手下的雇员和工人实行“以人为本”的管理思想；有的老板在竞争中想方设法一定要战胜对方，然后却不把对方逼上死路；有的老板奉行“不打不相识”的江湖义气，即使是自己的对手也能最终宽容大度而成为朋友和合伙人。总之，我们在发掘史料、把握人物特点时，深入他们的心灵，对他们所作所为的思想文化背景，入木三分地加以领会和把握，在文字和图片两方面相配合加以简洁而形象地表现。

三是发掘、弘扬与推广“以德经商”、“团结经商”的理念和作风。以德经商所包含的内容很丰富，但其中的核心思想仍然是中国传统的“勤劳致富，正道赚钱”。无论过去和今天，有多少人由于生活在穷乡僻壤，一时难以改变贫穷落后的面貌，便只好背井离乡，外出打工和经商，走南闯北，凭着自己的聪明才智和勤劳节俭，养家糊口，并日积月累，才慢慢地发家致富。所以过去的很多商人，并非在

左倾时代所称一概都是“奸商”，相反，他们中不乏诚实忠厚者，受过“仁义礼智信”的熏陶而具有一定的儒者气质。以德经商，还有一项重要的内容就是团结经商，特别注重同乡、同行、同业的团结互助，而不互相倾轧，力做“霸盘”。俗云：“一株独放不是春，万紫千红春满园”。个人的发展往往是与群体的发展密切相关的，中国商人注重危难时的互相扶持，更注重孤立与铲除害群之马。此外，以德经商还有一项重要内容就是“诚信经商”。过去在旧社会有句老话，就是“在家靠父母，出门靠朋友”，抱着“诚信为人，正道成事”的信念，才能在闯荡江湖时不受或少受挫折。所以成功的老板，往往都有健全的人格，不论遇到何种情况，即使身陷绝境，也都不会做出有损人格的行为。有许多资料表明，不论京商、晋商、闽商、徽商和杭帮、宁波帮，都有大仁、大义的典范人物，他们有的外形狂放而心地宽阔，而有的更重主仆之义和朋友之道，有过不少以“义”相待和以“诚”相待的动人故事。这些，都是我们这套丛书所重点展示而富有传统商业文化特色的内容。

我相信这套老字号系列丛书，一定会在继承与弘扬中华老字号优良传统、发展与创新新时期商业文化的过程中，起到积极的作用。

2008年1月 于浙江大学人文学院

图书在版编目（CIP）数据

杭州老字号系列丛书·货币金融篇 / 赵大川著. 一杭州：浙江大学出版社，2007.7
ISBN 978-7-308-05359-4

I. 杭… II. 赵… III. ①工商企业一简介一杭州市②货币史一杭州市 IV. F279.275.51
F822.9

中国版本图书馆CIP数据核字（2007）第080920号

责任编辑 李 晶 钟仲南
封面设计 路 峰
美术编辑 清 风 张中强
图片编辑 张中强 戴伟领

杭州老字号系列丛书·货币金融篇
赵大川 著

出版发行 浙江大学出版社
（杭州天目山路148号 邮政编码 310028）
（E-mail：zupress@mail.hz.zj.cn）
（网址：http://www.zjupress.com
http://www.press.zju.edu.cn）
印 刷 杭州杭新印务有限公司
版 次 2008年5月第1版
印 次 2008年5月第1次印刷
开 本 787mm×1092mm 1/16
印 张 17.25
字 数 350千
书 号 ISBN 978-7-308-05359-4
定 价 88.00元
